UNIVERSALE
ECONOMICA
FELTRINELLI / SAGGI

MASSIMO
RECALCATI

Il complesso di Telemaco

Genitori e figli dopo il tramonto del padre

Prima edizione in "Serie Bianca" marzo 2013
Prima edizione nell'"Universale Economica" – SAGGI
settembre 2014
Quinta edizione giugno 2016

Stampa Nuovo Istituto Italiano d'Arti Grafiche - BG

FSC
www.fsc.org
MISTO
Carta
da fonti gestite in
maniera responsabile
FSC® C015216

Ai miei figli
Tommaso e Camilla,
al loro regno

Ecco l'odore di mio figlio,
come l'odore di un campo.

(*Gen.* 27, 27)

Introduzione

Se gli uomini potessero scegliere ogni cosa da soli,
per prima cosa vorrei il ritorno del padre.

OMERO, *ODISSEA*, XVI

Quello che qui nomino come "complesso di Telemaco" vuole essere un modo per accostare il nuovo disagio della giovinezza provando a dare una chiave di lettura inedita alla relazione tra genitori e figli in un tempo – quale è il nostro – in cui, come faceva già notare Eugenio Scalfari in un articolo di quindici anni fa intitolato significativamente *Il padre che manca alla nostra società*,[1] l'autorità simbolica del padre ha perso peso, si è eclissata, è irreversibilmente tramontata. La difficoltà dei padri a sostenere la propria funzione educativa e il conflitto tra le generazioni che ne deriva sono noti da tempo e non solo agli psicoanalisti. I padri latitano, si sono eclissati o sono divenuti compagni di giochi dei loro figli. Tuttavia, nuovi segnali, sempre più insistenti, giungono dalla società civile, dal mondo della politica e della cultura, a rilanciare una *inedita e pressante domanda di padre*. Bisogna essere chiari: il mio punto di vista è che questa eclissi non indica una crisi provvisoria della funzione paterna destinata a lasciare il posto a un suo eventuale recupero. Rilanciare il tema del tramonto dell'*imago* paterna non significa rimpiangere il mito del

[1] E. Scalfari, in "la Repubblica", 27 dicembre 1998.

padre-padrone. Personalmente non ho nessuna nostalgia per il *pater familias*. Il suo tempo è irreversibilmente finito, esaurito, scaduto. Il problema non è dunque come restaurarne l'antica e perduta potenza simbolica, ma piuttosto quello di interrogare ciò che resta del padre nel tempo della sua dissoluzione. È questo che mi interessa. In tale contesto la figura di Telemaco mi appare un punto-luce. Essa mostra l'impossibilità di separare il movimento dell'ereditare – l'eredità è un movimento singolare e non una acquisizione che avviene per diritto – dal riconoscimento del proprio essere figli. Senza questo riconoscimento non si dà alcuna filiazione simbolica possibile.

Il complesso di Telemaco è un rovesciamento del complesso di Edipo. Edipo viveva il proprio padre come un rivale, come un ostacolo sulla propria strada. I suoi crimini sono i peggiori dell'umanità: uccidere il padre e possedere sessualmente la madre. L'ombra della colpa cadrà su di lui e lo spingerà al gesto estremo di cavarsi gli occhi. Telemaco, invece, coi suoi occhi, guarda il mare, scruta l'orizzonte. Aspetta che la nave di suo padre – che non ha mai conosciuto – ritorni per riportare la Legge nella sua isola dominata dai Proci che gli hanno occupato la casa e che godono impunemente e senza ritegno delle sue proprietà. Telemaco si emancipa dalla violenza parricida di Edipo; egli cerca il padre non come un rivale con il quale battersi a morte, ma come un augurio, una speranza, come la possibilità di riportare la Legge della parola sulla propria terra. Se Edipo incarna la tragedia della *trasgressione della Legge*, Telemaco incarna quella dell'*invocazione della Legge*; egli prega affinché il padre ritorni dal mare ponendo in questo ritorno la speranza che vi sia ancora una giustizia giusta per Itaca. Mentre lo sguardo di Edipo finisce per spegnersi nella furia impotente dell'auto-accecamento – come marchio indelebile della colpa –, quello di Telemaco si rivolge all'orizzonte per vedere se qualcosa torna dal mare. Certo, il rischio di Telemaco è la malinconia, la nostalgia per il padre glorioso, per il re di Itaca, per il grande eroe che ha espugnato Troia. La domanda di padre, come Nietzsche aveva intuito bene, nasconde sempre l'insidia di coltivare un'attesa infinita e melanconica di qualcuno che non arriverà mai. È il rischio che Telemaco si confonda con uno dei due vagabondi protagonisti di *Aspettando Godot* di Samuel Beckett. Lo sappiamo: Godot è il nome di un'assenza. Nessun Dio-padre ci potrà salvare: la nostalgia per il padre-eroe è una malattia sempre in agguato. Il tempo del ritorno glorioso del padre è per sempre alle nostre spalle! Dal mare non tornano monumenti, flotte invincibili, capi-partito, leader autoritari e carismatici, uomini-dei, padri-papa, ma solo frammenti, pezzi staccati, padri fragili, vulnerabili, poeti, registi, insegnanti precari, migranti, lavoratori, semplici testimoni di come si possa trasmettere ai propri figli e alle nuove generazioni la fede nell'avvenire, il senso dell'orizzonte, una responsabilità che non rivendica alcuna proprietà.

Noi siamo nell'epoca del tramonto irreversibile del padre, ma siamo anche nell'*epoca di Telemaco*; le nuove generazioni guardano il mare aspettando che qualcosa del padre ritorni. Ma questa attesa non è una paralisi melanconica. Le nuove generazioni sono impegnate – come farà Telemaco – nel realizzare il movimento singolare di riconquista del proprio avvenire, della propria eredità. Certo, il Telemaco omerico si aspetta di vedere all'orizzonte le vele gloriose della flotta vincitrice del padre-eroe. Eppure egli potrà ritrovare il proprio padre solo nelle spoglie di un migrante senza patria. Nel complesso di Telemaco in gioco non è l'esigenza di restaurare la sovranità smarrita del padre-padrone. La domanda di padre che oggi attraversa il disagio della giovinezza non è una domanda di potere e di disciplina, ma di *testimonianza*. Sulla scena non ci sono più padri-padroni, ma solo la necessità di padri-testimoni. La domanda di padre non è più domanda di modelli ideali, di dogmi, di eroi leggendari e invincibili, di gerarchie immodificabili, di un'autorità meramente repressiva e disciplinare, ma di atti, di scelte, di passioni capaci di testimoniare, appunto, come si possa stare in questo mondo con desiderio e, al tempo stesso, con responsabilità. Il padre che oggi viene invocato non può più essere il padre che ha l'ultima parola sulla vita e sulla morte, sul senso del bene e del male, ma solo un padre radicalmente umanizzato, vulnerabile, incapace di dire qual è il senso ultimo della vita ma capace di mostrare, *attraverso la testimonianza della propria vita, che la vita può avere un senso*.

Siamo stati tutti Telemaco. Abbiamo tutti almeno una volta guardato il mare aspettando che qualcosa da lì ritornasse. E si potrebbe aggiungere, come fa Mario Perrotta nella sua intensa rivisitazione teatrale dell'*Odissea*, che "qualcosa torna sempre dal mare".[2] Eppure, diversamente da Telemaco, noi non siamo stati figli di Ulisse. La nostra eredità non è l'eredità di un Regno. Noi non siamo stati principi in attesa del ritorno del padre-re. Se Telemaco, come vedremo in questo libro, ci indica la via del modo giusto di ereditare, la condizione dei giovani-Telemaco di oggi è quella dei diseredati: assenza di futuro, distruzione dell'esperienza, caduta del desiderio, schiavitù del godimento mortale, disoccupazione, precarietà. I nostri figli popolano la scura "notte dei Proci"?[3] Quale padre li potrà salvare se il nostro tempo è quello del suo tramonto irreversibile? I nostri figli non ereditano un Regno, ma un corpo morto, una terra sfiancata, una economia impazzita, un indebitamento illimitato, la mancanza di lavoro e di orizzonte vitale. I

[2] M. Perrotta, *Odissea*, in *Eredi*, a cura di F. Condello, Centro studi "La permanenza del classico", Bononia University Press, Bologna 2011, pp. 74-105.

[3] Cfr. L. Zoja, *Il gesto di Ettore. Preistoria, storia, attualità e scomparsa del padre*, Bollati Boringhieri, Torino 2000, p. 305.

nostri figli sono esausti. Perche allora, come provo a sostenere in questo libro, Telemaco può essere il paradigma della loro posizione nel mondo? Perché Telemaco e non Edipo e la sua rabbiosa lotta mortale con il padre? Perché Telemaco è la forma più alta e giusta dell'Anti-Edipo: egli non è né vittima del padre, né si schiera ottusamente contro il padre. Telemaco è il giusto erede, è il figlio giusto. "Non è solo un giovane che cerca suo padre, ma è il giovane che ha bisogno di un padre. Telemaco è l'icona del figlio."[4] È questo un tema centrale del libro e di ciò che si nomina come "complesso di Telemaco": Edipo non riesce a essere figlio e la stessa sorte accade a Narciso. Queste due figure della mitologia classica sono state elette da Freud e dalla psicoanalisi a personaggi-paradigmi del teatro dell'inconscio. Ma nessuno dei due accede alla dimensione generativa dell'erede che l'essere figli comporta. Edipo resta prigioniero del suo odio rivestito di amore per il padre – il padre come Ideale e il padre come rivale costituiscono i due poli dell'oscillazione tipica di quello che Freud ha nominato come "complesso di Edipo" –, mentre Narciso non riesce a separarsi dalla propria immagine idealizzata la cui fascinazione lo conduce verso l'abisso del suicidio. La rivalità (Edipo) e l'isolamento autistico (Narciso) non rendono possibile il movimento singolare dell'ereditare senza il quale viene meno ogni filiazione simbolica e, di conseguenza, la trasmissione del desiderio da una generazione all'altra.

La cosa che mi ha più positivamente colpito nelle recenti manifestazioni studentesche sono stati i cosiddetti "libri-scudo". Sono dei grandi libri ad altezza d'uomo, fatti di gommapiuma, di cartone, con un'anima di legno

[4] "Al centro di Telemaco è sempre il padre. In nessun'altra opera greca arcaica o classica il rapporto che lega un figlio a un padre è stato rappresentato con la stessa sensibilità." Cfr. G.A. Privitera, *Il ritorno del guerriero. Lettura dell'Odissea*, Einaudi, Torino 2005, p. 64.

e dipinti di vari colori. Al centro riportano il titolo del libro e il suo autore. Che scudi fantastici, ho pensato! Il motivo militare della difesa dall'aggressore viene surclassato da quello dell'invocazione della Cultura – la Legge della parola – come barriera nei confronti della ingiusta violenza della crisi. Mi sarebbe interessato avere più notizie sui libri scelti. Probabilmente sarebbe una galleria ricca di sorprese. Ma sapere la presenza di alcuni titoli (tra i quali l'*Odissea*, l'*Eneide* e la *Costituzione*) mi ha già confortato nella mia convinzione. Cosa sono questi libri-scudo se non un'invocazione del padre? Se non un'invocazione della Legge della parola come Legge del desiderio? Certo, si tratta di un'invocazione che è al di là dell'anagrafe, al di là del sangue e della stirpe. Mentre nel nostro tempo il libro come oggetto rischia di essere trasformato in un file anonimo e le librerie, dove era bello perdersi, in pezzi da museo delle cere del Novecento, questi giovani invocano, proprio attraverso il libro-scudo, il loro diritto di essere eredi-eretici, cioè di essere eredi nel modo giusto. È la tesi di questo libro a cui sono maggiormente legato: l'erede è sempre un orfano, è sempre senza eredità, diseredato, sradicato, privo di patrimonio, lasciato cadere, smarrito. L'eredità non si compie mai come un mero travaso di beni o di geni da una generazione all'altra. L'eredità non è un diritto sancito dalla natura, ma è un movimento singolare, privo di garanzia, che ci riconduce alla nostra matrice inconscia; è una ripresa in avanti di ciò che siamo sempre stati, è, come direbbe Kierkegaard, un "retrocedere avanzando". Lo sfondo sul quale questa ripresa avviene è quello di un impossibile. Nessun padre, infatti, ci potrà mai salvare, nessun padre potrà risparmiarci il viaggio pericoloso e senza garanzia dell'ereditare.

Nel nostro tempo i figli sembrano essere privi di ogni eredità, sembrano consegnati a una eredità impossibile. Ma non si eredita sempre l'impossibile? Non si eredita sempre un corpo morto? L'eredità non è mai il riempimento del buco aperto dell'assenza strutturale del Padre, ma è sempre e solo il suo attraversamento. Nondimeno nell'ereditare è sempre in gioco anche la trasmissione di un dono che può umanizzare la vita. Come avviene questo dono in un'epoca in cui le vecchie generazioni hanno reciso il legame con la nuova, hanno ceduto di fronte alla responsabilità della loro parola? In un'epoca in cui la donazione che può umanizzare la vita non è più garantita dall'esistenza del grande Altro della tradizione? Questo Altro, infatti, si è rivelato per quello che da sempre è stato, cioè inconsistente. Se le nuove generazioni non possono trovare la donazione nei padri della tradizione essa – la donazione – può avvenire solo laddove vi sia un incontro con una testimonianza. E cosa è in gioco nella testimonianza come donazione? Il dono che umanizza la vita non è altro che il dono del desiderio e della sua Legge. È questo il vero e unico regno che può essere trasmesso da una generazione all'altra. Come l'*humus umano* può essere reso fertile? Come può la catena delle generazioni trasmettere la potenza vitale del desiderio?[5] Come si struttura un processo efficace di filiazione simbolica? Il complesso di Telemaco si articola attorno a questi interrogativi. Telemaco è il giusto erede non perché eredita un regno, ma perché ci rivela che è solo nella trasmissione della Legge del desiderio che la vita può emanciparsi dalla seduzione mortifera della "notte dei Proci", cioè dal miraggio di una libertà ridotta a pura volontà di godimento. Di questa Legge l'*humus umano* ha bisogno per essere generativo.

Milano, dicembre 2012

[5] *Humus umano* è un'espressione di Lacan con la quale egli allude precisamente al problema della trasmissione del desiderio come fertilizzante irrinunciabile della vita umana: "Il sapere per Freud designava l'inconscio. È ciò che inventa l'*humus umano* per la sua perennità da una generazione all'altra", J. Lacan, *Note italienne*, in *Autres écrits*, Seuil, Paris 2001, p. 311.

1.
La Legge della parola e il nuovo inferno

Pregare non è più come respirare

C'è stato un tempo in cui pregare era come respirare, in cui pregare era un evento della natura. La preghiera aveva la stessa forza della neve, della pioggia, del sole, della nebbia. Era come il susseguirsi delle stagioni. Era un rito collettivo che scandiva la nostra vita quotidiana. Non ricordo quando ho imparato a pregare. Mi pare di averlo saputo da sempre. Sono stato educato alla preghiera allo stesso modo in cui sono stato educato ad avere rispetto degli anziani e a comportarmi bene a tavola. Sono cresciuto in un tempo in cui pregare era come mangiare, dormire, correre. Questo tempo, il tempo in cui la preghiera si dava come un evento di natura, come respirare, si è definitivamente esaurito. Noi siamo ora in un altro tempo, in cui, per esempio, come genitori bisogna scegliere se trasmettere o meno il senso della preghiera ai nostri figli. Se pregare non è più una pratica che viene trasmessa grazie alla forza della tradizione, al suo *autómaton*, se essa non è più un dispositivo il cui funzionamento è garantito dalla potenza simbolica del grande Altro, il tempo della preghiera è divenuto il tempo di una scelta soggettiva. I genitori sono obbligati a prendere una decisione che non viene più tramandata automaticamente dal grande Altro della tradizione.

L'incipit di *Cosa resta del padre?* poneva il problema se nel tempo della morte di Dio – che è l'evento epocale che definisce l'orizzonte del nostro tempo – avesse ancora un senso insegnare ai nostri figli a pregare. Alcuni miei colleghi psicoanalisti hanno voluto ricordarmi che la psicoanalisi ha chiuso ormai da tempo ogni conto con il discorso religioso e che il mio ragionamento oscillava ambiguamente verso il rischio di una riesumazione nostalgica del cadavere del padre o di quello di Dio. Come se interrogarsi sul senso della preghiera volesse dire per forza rievocare con nostalgia il tempo di una società religiosa fondata sull'autorità simbolica di Dio-padre.

Afonia e amnesia dei padri

Ho avuto modo di descrivere il nostro tempo attraverso una formula di Lacan: quella dell'*evaporazione del padre*.[1] Con questa espressione non ho solo commentato la crisi dei padri reali nell'esercitare la loro autorità, ma, più radicalmente, il venire meno della funzione orientativa dell'Ideale nella vita individuale e collettiva. Più precisamente, questa formula mostra l'impossibilità che il padre detenga ancora l'ultima parola sul senso della vita e della morte, sul senso del bene e del male. Questa parola arretra, si estingue, appare esaurita, esausta. Questa parola non esiste più. È ciò che mostra con grande forza lirica l'apertura dell'ultimo film di Nanni

[1] Cfr. J. Lacan, *Nota sul padre e l'universalismo*, in "La psicoanalisi", n. 33, Astrolabio, Roma 2003, p. 9. Cfr. in part. M. Recalcati, *L'uomo senza inconscio. Figure della nuova clinica psicoanalitica*, Raffaello Cortina, Milano 2010, pp. 3-69 e *Cosa resta del padre? La paternità nell'epoca ipermoderna*, Raffaello Cortina, Milano 2011.

Moretti *Habemus papam*: il balcone di San Pietro resta sconsolatamente vuoto. Moretti indugia sapientemente sul gioco delle tende purpuree, spostate dal vento, che anziché annunciare la presenza del nuovo pontefice, rivelano ai fedeli, in trepidante attesa, l'assenza melanconica e definitiva del loro amato padre. Colui che è stato nominato dal sinodo dei cardinali come simbolo di Dio in Terra, come rappresentante unico della sua parola, non è in grado di sostenere il peso simbolico di questo incarico. La sua parola cede, si spegne, resta silente. È qualcosa di più di una umanizzazione dell'erede di san Pietro, come la critica cinematografica ha voluto vedere. Quello che Moretti ci mostra è l'evaporazione del padre come impossibilità di sostenere il peso simbolico di una parola che vorrebbe poter dire ancora il senso ultimo del mondo, del bene e del male, della vita e della morte. È l'esaurimento del tempo in cui pregare era come respirare. L'aspirazione del neopapa di voler essere un teatrante, la sua vocazione frustrata di attore, rivela la natura di puro sembiante a cui sembra ridotta la parola del padre nel nostro tempo. Gioco, finzione, tradimento, illusione, recitazione, messa in scena. Quando sul balcone di San Pietro il nuovo pontefice deve prendere la parola in quanto simbolo del Padre del popolo di Dio, la sua voce non può più recitare quella parte, la sua voce resta afona, afasica; la sua voce si ritira nel silenzio.[2] La parola non vuole uscire, non prende corpo, resta trattenuta al di qua della voce. Afonia, afasia del padre-papa, del simbolo universale del padre. Non è questa afasia uno dei sintomi fondamentali del nostro tempo? La moltitudine di anime che riempie piazza San Pietro in attesa della parola guida del padre resta delu-

[2] Ricordo che è proprio sul sintomo dell'afasia che Freud inizia la sua ricerca clinica. Non si dovrebbe mai dimenticare che la pratica della psicoanalisi, che è una pratica della parola, nasce da un'interrogazione su ciò che la rende impossibile.

sa e sconcertata. Chi doveva rassicurarla, chi doveva rincuorarla, chi doveva fare esistere in Terra la potenza della parola di Dio, non solo non è in grado di prendere la parola, ma si rivela egli stesso smarrito. Moretti, con un colpo da maestro, mette il dito nella piaga invertendo improvvisamente la catena delle generazioni. Il padre che deve rassicurare deve essere rassicurato, il padre che salva dallo smarrimento è smarrito, il padre che deve salvare i propri figli si trasforma in un figlio. Metamorfosi generazionale: il padre-papa è diventato un bambino che piange terrorizzato e che bisogna consolare e proteggere. Minorizzazione dell'immagine adulta e potente del grande *pater familias*. Inversione generazionale: chi è il padre? Chi è il figlio? Chi è il rifugio? Chi è smarrito?

Questa scena di *Habemus papam* evoca un'altra scena, altrettanto capitale, della narrazione morettiana che vale la pena ripercorrere brevemente. Alludo a *Palombella rossa*, che Moretti gira a ridosso della grande crisi del Pci e della caduta epocale del Muro di Berlino. Siamo nel 1989 quando appare nelle sale cinematografiche. Di fronte alle domande di un giornalista televisivo che lo interroga sulle sorti del partito, il segretario del Partito comunista italiano, protagonista del film e interpretato da Moretti stesso, tentenna, appare spaesato, sino a perdere la memoria. Anziché rispondere alle domande del giornalista le pone a se stesso: Chi sono? Chi siamo? Cosa è accaduto? Eccoci di fronte a un altro sintomo anch'esso non estraneo alla clinica della psicoanalisi: l'amnesia. Essa corrisponde e viene, per certi versi, fatalmente evocata dalla afonia-afasia del padre-papa. Chi sono? Chi siamo? Cosa è accaduto? Il segretario del partito non è più in grado di dettare la linea al suo popolo. È perso nelle nebbie di una memoria divenuta improvvisamente labile. Come il padre-papa, è assente a se stesso. I suoi ricordi lo sprofondano in una rete di tracce che risalgono sino all'infanzia: l'odore dell'estate, l'atmosfera della piscina, le partite di pallanuoto, l'immancabile pane e Nutella, *Il dottor Zivago*. L'interrogazione sul destino collettivo del partito smotta verso una messa in causa del proprio essere. Chi sono "io"? Dove sono? Da dove vengo? Dove vado? La metafisica della domanda surclassa quella della risposta.

Nell'intersezione tra *Habemus papam* e *Palombella rossa* i due grandi simboli degli Ideali che hanno orientato la vita delle masse in Occidente – il papa della Santa Romana Chiesa e il segretario del glorioso Partito comunista – non sanno più prendere la parola, non sanno più sostenere il peso simbolico della loro funzione pubblica, appaiono smarriti, evaporati.

L'inferno di Salò

Un ultimo riferimento cinematografico può sintetizzare ancora più radicalmente il fenomeno dell'evaporazione del padre e i suoi effetti nel nostro tempo. Penso all'ultimo film-testamento di Pier Paolo Pasolini: *Salò o le 120 giornate di Sodoma*. Pasolini lo concepisce volutamente come un film impossibile da vedere. Accade in gran parte dell'arte contemporanea più estrema: il reale senza veli del Terrificante costringe lo spettatore a indietreggiare nell'angoscia; l'orrore della scena fa abbassare gli occhi, rende impossibile lo sguardo, come in una delle ultime scene, dove una vittima viene sodomizzata e, nello stesso tempo, prima di essere uccisa senza pietà, scalpata brutalmente con un coltello.

L'ultimo racconto di Pasolini vuole esibire il reale del godimento senza filtri simbolici: supplizi sadici, coprofagia, umiliazioni, sevizie, assassinii gratuiti. "Tutto è buono quando è eccessivo," afferma bataillianamente uno dei quattro libertini sadici nella prima scena del film. Le vittime appaiono come puri strumenti al servizio della sola Legge del godimento: corpi straziati, sgozzati, martoriati, bruciati, torturati, ammazzati cinicamente. In questo universo senza Dio non c'è salvezza, non c'è orizzonte, non c'è desiderio. Tutto si consuma nel chiuso claustrofobico della volontà di godimento. Mentre per un lungo tempo della propria opera Pasolini aveva fatto valere una versione rousseauiana e batailliana del corpo sessuale come potenza trasgressiva che sfida la dimensione repressiva e coercitiva della Legge nel nome di un ritorno (impossibile) alla Natura, in *Salò* egli sembra prendere congedo da questa rappresentazione del conflitto tra la Legge e il desiderio riconoscendo che il culto del godimento e la logica del suo puro dispendio – presente in Sade e teorizzata da Bataille – sono divenuti un regime di amministrazione e manipolazione biopolitica dei corpi sotto la nuova Legge dettata dal discorso del capitalista: il sesso compulsivo, l'affermazione di una libertà senza Legge, la ripetizione eternizzante di tutti gli scenari sadiani mostrano che il nostro tempo ha fatto del godimento un imperativo che anziché liberare la vita la opprime rendendola schiava.[3] In questo risiede la denuncia politica radicale che attraversa *Salò*. Non si tratta affatto, come aveva pensato Cesare Musatti, di un rigurgito della sessualità perversa-polimorfa di fronte al fallimento di un accesso normativo a una sessualità pienamente genitale che rivelerebbe il fantasma inconscio del suo autore,[4] ma del tentativo, assai più "alto", di descrivere l'inconscio stesso del discorso del capitalista come radicale di-

[3] È quello che nota puntualmente Antonio Tricomi nel suo eccellente lavoro sull'opera di Pasolini: "La logica del dispendio non è più una alternativa praticabile in età di neocapitalismo trionfante. Se, per esempio, Bataille aveva potuto credere di dover riconoscere alla lordura un incredibile valore trasgressivo, ora Pasolini è costretto ad accorgersi che anche questa è strumento del Potere: i produttori costringono i consumatori a mangiare merda". A. Tricomi, *Sull'opera mancata di Pasolini. Un autore irrisolto e il suo laboratorio*, Carocci, Roma 2005, p. 421.

[4] C. Musatti, *Il Salò di Pasolini regno della perversione*, in "Cinema Nuovo", n. 239, gennaio-febbraio 1976.

struzione dell'Eros del desiderio.[5] Non si tratta affatto della messa in scena del teatrino privato che caratterizzerebbe il fantasma perverso di Pasolini – secondo una applicazione meramente patografica della psicoanalisi all'opera d'arte –, ma dell'esibizione dell'"eccesso" come affermazione di una Legge che rifiuta ogni limite e che qualifica la degradazione neocapitalista del corpo erotico a mero strumento di godimento. Non si tratta di una rappresentazione provocatoria della sessualità polimorfa dell'infanzia, ma di un godimento disperato e totalmente anti-erotico che senza rispetto alcuno nei confronti della Legge della castrazione simbolica si impasta rovinosamente con la pulsione di morte. Non è questa una delle cifre fondamentali del nostro tempo, del tempo in cui sembra trionfare l'imperativo a godere come unica forma della Legge?

Avendo visto *Salò* una sola volta da giovane, nel 1976, avevo memorizzato erroneamente una scena in cui una ragazza e un ragazzo, mentre venivano fatti affogare in un mastello di merda, reagivano alla loro morte imminente l'una con il segno della croce e l'altro alzando il pungo chiuso. Dopo aver recentemente rivisto il film di Pasolini mi sono reso conto che questa scena non esiste, ma era solo il frutto di una mia combinazione inconscia di altre due presenti nel film. In una di queste una ragazza si trova immersa nella merda e invoca il Dio cristiano – "Dio, Dio, perché ci hai abbandonati?" –, mentre in un'altra un milite di Salò viene scoperto mentre fa l'amore con una serva – ovvero trasgredisce la Legge che imponendo che vi sia solo godimento vieta paradossalmente la possibilità dell'amore – e viene crivellato brutalmente di colpi di pistola. Prima

[5] Tentativo la cui importanza cruciale non sfugge invece a G.C. Ferretti, *Pasolini. L'universo orrendo*, Editori Riuniti, Roma 1976, pp. 106-110. Sul concetto lacaniano di "discorso del capitalista", rinvio a M. Recalcati, *L'uomo senza inconscio*, cit., in part. parte prima.

di morire egli ha il tempo di alzare fieramente il pugno chiuso. Questo "errore della memoria" contiene in realtà un'interpretazione soggettiva che mi pare resti fedelissima alla narrazione pasoliniana: il discorso del capitalista affoga nella merda e nel sangue gli Ideali (cristiani e comunisti) in nome del godimento come unica forma paradossalmente possibile dell'Ideale e della Legge. Più precisamente, Pasolini raggiunge Lacan quando mostra come nella perversione il soggetto viene eletto alla dignità di un nuovo Dio, di un Dio che ha un potere assoluto sull'Altro, di u-n Dio del godimento che annulla ogni senso del limite. Non è forse questa l'ambizione suprema che abita il terribile quartetto di Salò? Lo dichiara espressamente Pasolini stesso in una intervista sul marchese de Sade, rilasciata a Gideon Bachmann e Donata Gallo, quando afferma che "i libertini, nell'adoperare i corpi delle loro vittime come cose, non sono altro che dei in Terra, cioè il loro modello è sempre Dio".[6]

Come in Moretti, anche nell'ultimo film di Pasolini i simboli del cristianesimo e del comunismo naufragano miseramente. Mentre però Moretti evidenzia i sintomi mentali del nostro tempo (afasia, amnesia), Pasolini illustra foucaultianamente l'ontologia del corpo che sottende questi sintomi, ovvero la riduzione perversa del corpo stesso a pura macchina sadiana di godimento. Per questo il nostro tempo – così come viene anticipato profeticamente da *Salò* – è il tempo in cui gli ideali si rivelano inconsistenti, salvo quello del godimento (di morte) come fine ultimo della vita. "Non sai che noi vorremmo ucciderti mille volte?" grida uno dei torturatori in faccia a una vittima terrorizzata. La macchina del discorso del capitalista consuma infinitamente se stessa

[6] Citazione tratta da A. Tricomi, *Sull'opera mancata di Pasolini*, cit., p. 417. A proposito di Lacan, si veda, J. Lacan, *Kant con Sade*, in *Scritti*, a cura di G. Contri, Einaudi, Torino 1976, pp. 764-791.

così come accade negli scenari eternamente ripetitivi e claustrofobici del marchese de Sade: la loro serialità anonima mostra come il godimento debba ritornare sempre allo stesso posto per scongiurare l'evento della morte.[7] Si tratta di mostrare che la sola cosa per cui vale la pena vivere è il proprio godimento, che non esiste altra Legge al di fuori di quella imposta dall'imperativo del godimento. Questo è il contenuto profondamente perverso di *Salò* e questa è la posta in gioco decisiva del nostro tempo. Per cosa vale la pena vivere? Esiste una risposta convincente a questa domanda, alternativa a quella sadiana? Voglio dire: esiste una alternativa etica a questa logica che non sia il ricorso moralista al "buonsenso" o all'universalità astratta di una ragion pratica di matrice kantiana? Esiste, intendo, una alternativa etica che può opporsi *con forza* all'affermazione del godimento cinico come unico valore della vita? Non è questa una domanda decisiva per il nostro tempo che promuove il godimento dell'Uno come beatificazione terrena della vita? È possibile un altro avvenire rispetto a quello previsto dalla macchina del discorso del capitalista, dalla macchina impazzita del godimento? Non è questa la risposta che si attendono da noi le nuove generazioni? Esiste un Altro godimento, rispetto a quello libertino rappresentato da Pasolini in *Salò*, che possa rendere la vita degna di essere vissuta?

L'indebolimento e la crisi generalizzata del discorso educativo fanno emergere la dimensione traumatica del

[7] In questo senso la villa di Salò ricorda quella – assai più farsesca, sebbene non meno tragica – di Arcore nei suoi anni più "gloriosi"; in entrambi i casi sulla scena non è tanto la fantasia pervertita dei suoi attori (quale fantasia sessuale non lo è?), né la dimensione erotica del desiderio, ma il terrore del "padrone" di fronte alla verifica dei propri limiti, al crollo dell'illusione del proprio fantasma di autogenerazione, alla imminenza sovrastante della propria morte. Si tratta allora di mostrare lo smerdamento dell'Ideale, la riduzione di ogni Ideale a puro sembiante, per affermare che la sola cosa eterna, la sola Cosa che conta, la sola Legge capace di scongiurare l'inevitabilità della morte, è la "volontà di godimento".

godimento sganciato dalla Legge della castrazione. È il tema clinico che ho sviluppato ampiamente ne *L'uomo senza inconscio*: nel tempo del declino dell'Altro simbolico, del naufragio dell'Ideale, del suo smerdamento senza ritorno, il godimento mortale sembra non trovare più argini simbolici adeguati. Se l'Ideale aveva la funzione di orientare il godimento differendone il soddisfacimento, canalizzando positivamente la sua forza pulsionale, il suo tramonto sembra lasciare l'esistenza sprovvista di bussola. Nondimeno la pratica della psicoanalisi non può fomentare il recupero nostalgico dell'Ideale. Essa punta piuttosto sul desiderio come possibilità di realizzare – grazie all'apporto della Legge della parola e al rifiuto del godimento mortale – un godimento nuovo, supplementare, un godimento Altro, un Altro godimento rispetto a quello mortale che Lacan nomina col termine *plusgodere*.[8] Quello che dobbiamo notare oggi è che l'indebolimento dell'azione normativa del Simbolico ha reso la stessa trasgressione un abito conformista della pulsione. Il godimento fine a se stesso è una forma radicale dello spirito più reazionario. È molto più trasgressivo giurare amore eterno che passare da un corpo all'altro senza alcun vincolo amoroso. È molto più trasgressiva l'esperienza della fedeltà allo Stesso che non il culto aleatorio del Nuovo. È molto più trasgressiva l'apparizione del senso del pudore che non la sua estinzione. Niente, infatti, sembra più degno di risultare osceno! Il proliferare del godimento sganciato dalla Legge della parola mostra che l'azione del simbolico non è più in grado di temperare il reale del godimento che invece prolifera illimitatamente. Il sentimento dell'osceno implica, infatti, una credenza nel limite, nel valore etico del pudore, mentre nell'epo-

[8] Per un inquadramento di questo concetto rinvio a M. Recalcati, *Desiderio, godimento e soggettivazione*, in *Jacques Lacan*, Raffaello Cortina, Milano 2012.

ca del trionfo del disincanto cinico e narcisista, provocato dall'affermazione del discorso del capitalista, questa credenza è destinata a eclissarsi e la nostra epoca diviene quella del godimento in eccesso, l'epoca dei traumi.[9]

La Legge della parola

Il dramma terrificante di *Salò* di Pasolini è il dramma di quello che Lacan ha nominato come "godimento mortale" (*Jouissance mortelle*), ovvero di un godimento che non rispetta alcun limite simbolico, di un godimento profondamente incestuoso e, quindi, mortifero.[10] Ritroveremo questo godimento nella vicenda di Telemaco. La notte di *Salò* non è, infatti, come la "notte dei Proci", la notte di un godimento senza desiderio, di un godimento come dissipazione pura della vita? La notte di *Salò*, come la notte dei Proci, non è la notte del godimento che ha smarrito ogni relazione con la Legge della parola? L'oltraggio dei corpi praticato dal quartetto perverso del *Salò* pasoliniano è in totale continuità con l'offesa ininterrotta a cui nell'*Odissea* i giovani principi sottopongono la casa di Ulisse, suo figlio Telemaco e la sua sposa Penelope. Questo oltraggio e questa offesa infrangono la sola versione della Legge che conta nella prospettiva della psicoanalisi. A quale Legge mi sto riferendo? A una Legge non scritta, assente nei Codici e nei libri di Diritto. A una Legge che non si trova nemmeno nel Decalogo biblico, ma che è a fondamento di ogni possibile Civiltà, o, meglio, dell'idea stessa della Civiltà. Si tratta di una Legge che rende possibili tutte le altre Leggi. La psicoanalisi chiama questa Legge fondamen-

[9] Cfr. C. Soler, *L'epoca dei traumi*, Biblink editori, Roma 2004.

[10] Cfr. J. Lacan, *Il Seminario. Libro XVIII. Di un discorso che non sarebbe del sembiante (1971)*, Einaudi, Torino 2010, p. 90.

tale: *Legge simbolica della castrazione*, ma potremmo anche chiamarla *Legge della parola*. Cosa stabilisce questa Legge che è la *Legge delle Leggi*? Stabilisce che essendo l'umano un essere di linguaggio, essendo la sua casa la casa del linguaggio, il suo essere non può che manifestarsi attraverso la parola. Stabilisce che è l'evento della parola a umanizzare la vita e a rendere possibile la potenza del desiderio introducendo nel cuore dell'umano l'esperienza della perdita. Cosa significa? Significa che la vita si umanizza e si differenzia da quella animale attraverso la sua esposizione al linguaggio e all'atto di parola. La vita puramente biologica è mortificata dall'azione del linguaggio – non si può restare attaccati al cordone ombelicale, né al seno, né alle proprie feci, né si può avere tutto, godere di tutto, essere tutto, così come non si può parlare quando si mangia e non ci si può sottrarre ai vincoli che le leggi del linguaggio impongono alla comunicazione tra esseri parlanti ecc. –, ma questa mortificazione simbolica non è una amputazione della vita – come erroneamente credono il libertino Sade e il pedofilo, che ricercano il godimento al di qua del linguaggio, nel corpo incorrotto e innocente delle vittime o del bambino –, ma la sua ricchezza più grande. L'esperienza dell'impossibile è in un rapporto stretto con l'esistenza del linguaggio. È il linguaggio che agisce come una struttura di separazione imponendo alla vita una perdita di vita come condizione della sua umanizzazione. Questa perdita non deve però, ripetiamolo, essere vista come una espiazione morale, un deficit, una malattia. Non è condanna, sacrificio, maledizione teologica. Questa perdita è piuttosto un alleggerimento, un sollievo, un'apertura nuova della vita. È salvezza della vita perché è solo l'incontro con l'esistenza del limite e della mancanza che può generare il desiderio come potenza generativa distogliendolo dal culto nevrotico del sacrificio e dal fanatismo perverso per il godimento mortale. Nevrosi e perversione sono, infatti, due nomi che indicano una adorazione sacrificale del limite (nevrosi) o una enfatizzazione del godimento che rigetta ogni esperienza del limite (perversione). Si tratta di due passi falsi che generano solo sofferenza e malattia. Mentre l'inibizione nevrotica coltiva una passione patologica per il limite al fine di provare a fare esistere l'Altro come ideale – come rifugio e garanzia assoluta della vita –, il perverso inscena il limite, ma solo per trasgredirlo continuamente, per negare l'impossibile, per rendere "tutto possibile".[11]

L'esperienza del limite è introdotta dalla Legge della castrazione come Legge che promette di salvare l'umano dall'abisso del godimento mortale. La Legge che sostiene il desiderio come possibilità di raggiungere un Altro godimento rispetto a quello mortale non è una oppressione della vita, ma la sua possibile liberazione. Non è forse quello che accade nel rapporto di un figlio coi suoi genitori? Per un verso il figlio incontrerà in loro lo spigolo inassimilabile dell'impossibile, del limite, della Legge come ciò che impedisce il godimento incestuoso di tutto, ma per un altro verso, proprio grazie all'incontro con questo impossibile, egli sarà un erede, riceverà il diritto a desiderare in proprio, riceverà la forza della Legge del desiderio, la facoltà che rende viva la vita.

Più precisamente, la Legge della parola fonda l'interdizione simbolica dell'incesto: se l'essere umano è un essere di parola questo significa che esso è separato dal godimento immediato della Cosa materna. Significa che la Legge della parola, castrando il godimento incestuoso, impedisce, come direbbe Lucrezio, che "tutti possano volere tutto". Essa ci introduce alla dimensione finita, dipendente, lesa, della vita. Impone la rinuncia al go-

[11] Questa negazione dell'impossibile trova il suo canto più struggente, ma forse anche più disperato, nella cultura anti-edipica che si formalizza in modo filosoficamente compiuto in G. Deleuze e F. Guattari, *L'Anti-Edipo. Capitalismo e schizofrenia*, Einaudi, Torino 1975.

dimento immediato e al suo fantasma di autoconsistenza. Stabilisce che l'umanizzazione della vita comporti una rinuncia al soddisfacimento integrale della pulsione. Da questo punto di vista la Legge della parola – la Legge simbolica della castrazione – introduce uno scambio che è all'origine di ogni possibile patto sociale: la rinuncia al godimento di tutto, a volere tutto, a essere tutto, a sapere tutto, rende possibile l'avere un Nome, l'essere un uomo, l'iscrizione nel corpo della comunità a cui appartengo. Se accetto di perdere parte del mio essere – se "l'uomo rinuncia a predominare sull'altro e a voler vivere da solo", come direbbe ancora Lucrezio[12] –, la mia esistenza guadagnerà senso umano, potrà dare senso alla sua presenza al mondo, potrà partecipare alla vita della città, avere diritto di cittadinanza nella comunità dei parlanti e dei mortali.

L'evento della parola è innanzitutto l'evento di un taglio simbolico che inscrive nell'umano la dimensione dell'impossibile. La vita che accede alla Legge della parola è vita in meno di vita, vita impoverita di vita, vita mortificata dal simbolo, ma, proprio per questo, vita umana, vita aperta alla vita, vita di desiderio, vita al di là della natura, vita immersa nell'ordine della cultura. Se la vita non fosse attraversata dalla Legge della parola sarebbe pura vita animale, spinta acefala, tendenza al godimento più immediato, vita dominata dall'istinto, vita attaccata alla vita, vita senza destino mortale. L'azione della Legge della parola espone invece la vita all'impossibile rendendola in questo modo umana. A causa dell'esistenza dell'Altro del linguaggio la vita umana non è mai padrona di sé, ma si trova gettata nella vita senza potersi, come direbbe Heidegger, "insignorirsi del suo fondamento". Questo significa che la vita umana non può mai impadronirsi di sé. Nessun essere parlante può autoge-

[12] Lucrezio, *De Rerum Natura*, V, 961.

nerarsi, può consistere solo di se stesso, nessuna vita può prescindere dall'Altro del linguaggio. Non si può diventare padroni assoluti della propria vita; anzi quando la vita persegue la realizzazione di questo ideale di padronanza finisce sempre nelle braccia dell'illusione mortifera e totalitaria che la annienta proprio in nome della sua affermazione.[13]

L'esposizione della vita alla sua contingenza illimitata genera l'umano come un essere che proviene dall'Altro. La Legge della parola sancisce innanzitutto questa mancanza di fondamento della vita separandola da se stessa e annientando così l'unità identitaria della vita propriamente animale. Il linguaggio agisce sulla vita rivelando come essa non sia mai autodeterminata – nemmeno dall'istinto –, ma dipenda costitutivamente dall'azione dell'Altro. Senza la presenza dell'Altro la vita umana muore, appassisce, perde il sentimento stesso della vita, si spegne. È quello che i traumi infantili legati ad abbandoni precoci mettono in totale evidenza. La Legge della parola è la Legge del riconoscimento del desiderio dell'Altro di cui si nutre la vita umana. Affinché la mia esistenza abbia un senso, affinché possa costituirsi come umana non necessita solo di pane ma del lievito del desiderio dell'Altro. In questo senso la vita del *parlessere* è appello, domanda d'amore rivolta all'Altro, domanda di essere qualcosa per il desiderio dell'Altro. Se questo lievito manca la vita cade nel non-senso, diventa vita senza vita, vita spenta.

[13] È un punto su cui insiste con forza unica la teologia di Bultmann nella sua potente interpretazione della follia del nazismo e, più in generale, del fenomeno del totalitarismo. Ogni visione antropocentrica del mondo rischia di alimentare questa follia; il peccato e la superbia più grande della creatura umana è misconoscere il debito simbolico che lega la vita all'Altro, è pensarsi priva di debito, autogenerantesi narcisisticamente. Cfr. in part. R. Bultmann, *Prediche di Marburg*, Queriniana, Brescia 1973.

Come si trasmette la Legge della parola?

La vita inizia a morire quando iniziamo a parlare, perché l'atto del parlare rivela l'esposizione senza fondamento della vita al linguaggio e alla sua Legge che è la Legge dell'Altro. Il padre è il simbolo di questa Legge e per questo è tenuto a preservare innanzitutto l'esperienza dell'impossibile. Se la vita si umanizza solo grazie all'incontro con l'interdizione dell'incesto, un padre può realizzare questa iscrizione solo se assume su di sé l'evento del limite – l'evento dell'impossibile – mostrandosi esso stesso sottomesso alla Legge della parola. Questo significa che un padre non è colui che detiene l'ultima parola sul senso della vita e della morte, ma è piuttosto colui che sa portare la parola e, di conseguenza, sa perdere il potere di detenere l'ultima parola. Se un padre non assumesse su di sé l'esperienza dell'impossibile che la Legge della parola inscrive nell'umano, la Legge degenererebbe in una mera imposizione autoritaria. Se non si vuole riprodurre un esercizio solo sadico della Legge, l'atto che introduce l'impossibile deve essere mediato da una testimonianza singolare che porta su di sé il senso stesso del limite. Voglio dire che affinché vi sia funzione simbolica del limite, il limite deve innanzitutto essere un'esperienza di chi lo fa esistere. Possiamo fare un esempio evocando la scena biblica del sacrificio di Isacco. Quello che davvero deve colpire in questo racconto non è tanto l'offerta sacrificale di Isacco a un Dio avido di sangue, ma la sottomissione di Abramo alla Legge della parola che esige che anche il figlio più amato, il figlio più atteso, il figlio della promessa, debba essere perduto, debba essere abbandonato. Abramo, il padre, non ha l'ultima parola sul destino del figlio, ma è colui che lo sa perdere, lo sa lasciare andare. In questo senso egli non fa la Legge ma risponde a una Legge – la Legge della parola – che lo sovrasta e che impone a tutti i genitori di perdere il loro figlio, di lasciarlo andare, di sacrificare il godimento del figlio, di non considerare i figli come delle proprietà. Ma possiamo anche riferirci ad altri esempi. Quello di un padre che di fronte alla figlia anoressica ricoverata in fin di vita e sottoposta ad alimentazione forzata abbandona il suo piccolo impero finanziario per trascorrere le notti al suo capezzale. Rinuncia al suo godimento immediato fatto di operazioni di Borsa, di titoli azionari, di compravendite acrobatiche, per inoltrarsi in un altro territorio. La figlia lo racconterà come il gesto di un "cavaliere che abbandona la sua armatura per amore". Quest'uomo, che non ha mai fatto mancare nulla alla sua figlia prediletta della quale si è preso cura con solerzia dopo la morte della moglie, offre per la prima volta il dono della sua mancanza, della sua insufficienza come padre, il dono della sua vulnerabilità. Finalmente può donare a sua figlia non quello che ha – il suo "mangime" come lei lo descriveva sprezzante –, ma quello che non ha, ovvero il segno della sua mancanza.[14] In questo modo egli rinuncia a essere la Legge, ma applicando la Legge su di sé può liberarsi di quella rigida armatura che raffredda ogni suo gesto rendendolo burocratico e anonimo. Incontrando la Legge della castrazione può riconoscere di essersi servilmente identificato con una Legge puramente sadica. In questo caso il ricatto anoressico – nella sua tragica spietatezza – lo costringe a sciogliere quella identificazione e a riconoscere un'altra Legge – la Legge della parola – che gli permette di donare alla figlia la propria castrazione, di raggiungerla non attraverso l'offerta illimitata e anonima di oggetti, ma grazie al segno d'amore.

Due altre scene esemplari le possiamo trarre dal cinema. La prima è quella del film *Billy Elliot* (2000), scritto da Lee Hall e diretto da Stephen Daldry, dove il sogno

[14] Ricordo che per Lacan l'amore è "dare all'Altro quello che non si ha", cioè il segno della nostra mancanza.

di un figlio di divenire ballerino, dapprima ostacolato pesantemente dalla sua umile famiglia d'origine di minatori inglesi, perché lesivo dell'immagine virile del maschio in una cultura di gruppo rozza, maschilista e omofoba (il padre lo aveva spinto senza risultati verso la boxe), viene alla fine – di fronte alla tenacia del desiderio del ragazzo – sostenuto senza riserve dal padre e dal fratello maggiore. Il padre sopporta, nell'epoca della grande crisi economica delle miniere inglesi del 1984, un indebitamento pesantissimo e un'umiliazione soggettiva (infrangere lo sciopero di cui era stato uno dei promotori) sino a riuscire, attraverso la mobilitazione di una intera comunità, a offrire al figlio la possibilità di sostenere gli esami di selezione in una celebre scuola di danza classica.

Ma ancora più efficace è l'insegnamento che possiamo trarre dal film belga *Il figlio* (2002), realizzato da Jean-Pierre e Luc Dardenne, dove si racconta la storia di un ragazzo, omicida di un suo coetaneo, al quale viene imposto, dopo il carcere, un periodo di rieducazione presso un uomo che egli non sa essere il padre della vittima e che, per reinserirlo nella società, si impegna a insegnargli il mestiere di carpentiere. Il ragazzo vive il suo iter rieducativo senza cogliere minimamente il senso del gravissimo atto commesso. La Legge resta per lui solo una limitazione esterna che gli impone alcune condizioni per il suo reinserimento nella società. Quando il padre scopre l'identità del ragazzo affidatogli riesce a stento a trattenere la sua sete di vendetta. Dopo aver scoperto a sua volta l'identità del suo rieducatore il ragazzo tenta la fuga, ma viene raggiunto dall'uomo che desiste all'ultimo istante prima di compiere un altro gesto omicida strangolandolo. La Legge del taglione è sospesa dall'irruzione della Legge della parola. Da qui, da questa sottomissione del padre alla Legge, dalla sua rinuncia al godimento della vendetta, sorge la possibilità di una nuova e più autentica adozione simbolica del ragazzo e, da parte del ragazzo stesso, una comprensione più soggettivata della Legge. Come se l'interdizione simbolica a uccidere che anima la Legge della parola potesse essere effettivamente introiettata dal soggetto quale Legge propria solo a partire dalla trasmissione, resa possibile dall'atto paterno di rinunciare al godimento della vendetta, cioè dalla sua sottomissione liberatoria alla Legge della castrazione.[15]

Tutti questi esempi mostrano come, affinché la Legge della parola possa trasmettersi da una generazione all'altra, un padre – un genitore – è tenuto ad applicarla innanzitutto su di sé, è tenuto a fare esperienza della perdita del suo godimento. Un padre, in questo senso, non s'identifica mai con la Legge perché è il suo rispetto per la Legge della parola che lo rende padre. Allora la Legge della castrazione che egli è tenuto a veicolare non è castigo, espiazione, punizione. La Legge della castrazione è innanzitutto ciò che esclude che vi sia *godimento della Legge*. Il padre è il simbolo della Legge, ma lo è solo in quanto possibilità di rappresentare la Legge senza godere della Legge. La sua parola è il simbolo di una Legge che umanizza la vita separandola da quella animale. Il padre agisce come portatore della Legge che proibisce il godimento incestuoso e, al tempo stesso, come colui che offre in eredità il senso della Legge non come castigo ma come possibilità della libertà, come fondamento del desiderio. Il padre è tenuto a veicolare non tanto l'anonimato universale della Legge in sé, ma la sua più radicale umanizzazione. Cosa significa allora trasmettere la Legge come una Legge umanizzata? Significa trasmettere la Legge non in opposizione al desiderio ma come supporto del desiderio. In questo senso Lacan affermava che un padre è "colui che sa unire (e non opporre) il desiderio alla

[15] Ho ricavato questo intenso esempio da J.-P. Lebrun, *La perversion ordinaire. Vivre ensemble sans autrui*, Denoël, Paris 2007, pp. 234-235.

Legge".[16] Il padre non è il detentore della Legge, non sa quale sia il senso ultimo del mondo, cosa sia, in ultima istanza, giusto e ingiusto, ma sa mostrare attraverso la testimonianza incarnata della sua esistenza che è possibile – è sempre ancora possibile – dare *un senso* a questo mondo, dare un senso al giusto e all'ingiusto. Il compito della testimonianza paterna è, infatti, quello di rendere possibile un senso del mondo. Ma è anche quello di trasmettere il desiderio da una generazione all'altra, di trasmettere il senso dell'avvenire; non tutto è già stato, non tutto è già stato visto, non tutto è già stato conosciuto. Ereditare non è solo ricevere un senso del mondo, ma è anche la possibilità di aprire nuovi sensi del mondo, nuovi mondi di senso. Per questa ragione – come vedremo meglio in seguito – l'ereditare non è un ripiegamento verso il passato ma una "ripresa", come spiegava a suo modo anche Kierkegaard, un *retrocedere avanzando*.[17]

Siamo un grido nella notte

L'esistenza di un nuovo disagio della Civiltà di cui la diffusione epidemica delle nuove forme del sintomo (tossicomania, panico, depressione, dipendenze patologiche, anoressie, bulimie ecc.) è una manifestazione eloquente, mette in evidenza una crisi profonda del processo della filiazione simbolica. La vita appare come sganciata dal senso. Il senso cede di fronte ai colpi incalzanti del godimento mortale come nuova forma (perversa) della Legge. La diffusione inquietante della depressione anche tra le nuove generazioni illustra emblematicamente questa difficoltà a preservare la trasmis-

[16] Cfr. J. Lacan, *Sovversione del soggetto e dialettica del desiderio*, in *Scritti*, cit., p. 828.
[17] Cfr. S. Kierkegaard, *La ripresa*, Edizioni di Comunità, Milano 1983.

sione del desiderio tra le generazioni. Nondimeno resta inscalfibile una verità che l'esperienza della psicoanalisi suffraga quotidianamente: perché la vita sia davvero viva è necessaria una trasmissione del desiderio da una generazione all'altra. La vita umana è infatti "umana" perché non si può schiacciare sulla mera soddisfazione dei bisogni. La vita è vita umana in quanto animata dalla trascendenza del desiderio come desiderio dell'Altro; è esposizione, apertura, domanda d'amore e di senso rivolta verso l'Altro.

La vita come tale, come evento di natura, come vita animale, si aggrappa alla vita; la vita vuole vivere. La vita è volontà di vita, volontà di ripetizione di se stessa. Non c'è alcuna differenza, da questo punto di vista, quando si osservano un bambino e un gattino succhiare il seno e la mammella della propria madre. La vita è fame di vita, spinta di sopravvivenza, spinta autoaffermativa di se stessa. La vita vuole la vita. Cosa deve accadere perché la vita si umanizzi? Per Lacan il luogo primario della umanizzazione della vita è quello del *grido*. Siamo stati tutti dei gridi perduti nella notte. Ma cos'è un grido? Nell'umano esprime *l'esigenza della vita di entrare nell'ordine del senso, esprime la vita come appello rivolto all'Altro*. Il grido cerca nella solitudine della notte una risposta nell'Altro. In questo senso, ancora prima di imparare a pregare e ancora di più nel tempo in cui pregare non è più come respirare, *noi siamo una preghiera rivolta all'Altro*.[18] La vita può entrare nell'ordine del senso solo se il grido viene raccolto dall'Altro, dalla sua presenza e dal suo ascolto. Solo se l'Altro risponde alla nostra preghiera. Se viene tradotto da questa presenza in un appello. Ecco l'evento primario in cui la vita si umanizza:

[18] È il punto estremo a cui giunge la preghiera come tale, come Tommaso da Celano ricorda accadde a san Francesco: "Non pregava più, era oramai divenuto preghiera" ("Non tam orans, quam oratio factus"). Cfr. E. Bianchi, *Perché pregare, come pregare*, San Paolo, Milano 2009, p. 51.

quando il grido è tradotto in una forma radicale di domanda; quando il grido diventa domanda d'amore, domanda non di qualcosa, non di oggetto, ma di segno del desiderio dell'Altro, domanda della presenza presente dell'Altro. In questo modo è il soccorso dell'Altro che estrae la vita dal suo "abbandono assoluto", dall'inermità che accompagna la sua venuta al mondo.[19] Rispondendo al grido l'Altro estrae la vita dal suo fondo animale e la salva dall'orrore della notte assegnandole un posto particolare nel suo desiderio, nel desiderio dell'Altro. Questo non significa evidentemente cancellare che noi siamo – nel fondo della nostra esistenza – grida perse nella notte, che la traduzione del grido in domanda d'amore non può non lasciare un resto reale, impossibile da tradurre. Lo dimostrano tutte quelle esperienze penose di abbandono e di perdita che abbiamo fatto nella nostra vita e che fanno riemergere questo fondo buio, questa sensazione marasmatica e angosciante di essere nell'abbandono più assoluto, di essere solo un grido perso nella notte. Come accade in una scena enigmatica e struggente raccontata da Lacan in cui un bambino (chi era? Un suo paziente? Un suo familiare? Suo figlio?) di fronte all'indifferenza dell'Altro diventa letteralmente un peso morto, una vita senza vita, lasciando cadere a ciondoloni il suo corpicino incapace di ricambiare un abbraccio mai ricevuto:

> Ho visto anch'io con i miei occhi, schiusi dalla divinazione materna, il bambino traumatizzato dalla mia partenza, nonostante il suo appello precocemente abbozzato nella voce, e, da allora, mai più rinnovato per interi mesi. Sì, l'ho visto, questo bambino, molto tempo dopo ancora, quando lo prendevo tra le brac-

[19] *Hilflosigkeit* è la parola usata da Freud per descrivere la condizione gettata e senza fondamento dell'esistenza umana. In tedesco *Hilf* significa letteralmente "aiuto", mentre *Losigkeit* significa "perdita". Lacan la traduce con l'espressione più poetica dell'"abbandono assoluto". Cfr. J. Lacan, *Il Seminario. Libro X. L'angoscia (1962-1963)*, Einaudi, Torino 2007, p. 149.

cia e l'ho visto lasciare cadere il capo sulla mia spalla nel sonno, un sonno, capace lui sì, di restituirgli l'accesso a quel significante vivente che io ero, dopo il giorno del trauma.[20]

Addormentarsi, spegnersi, lasciarsi cadere a peso morto, sono risposte del corpo di fronte all'abbandono traumatico dell'Altro. Accade anche negli adulti. Non a caso la regressione alla radice insensata della vita è centrale nella clinica della depressione dove il soggetto sperimenta con una evidenza insopportabile l'assenza di senso della propria vita, la sua caduta a peso morto nel buco della notte. Senza la risposta dell'Altro la vita cade nello sconforto. Per questa ragione le urla dei bambini afflitti dalla polio che piangendo invocano disperatamente "mamma e papà, cercando invano un volto conosciuto", descritte da Philip Roth in *Nemesi*, appaiono come dei pezzi di reale che nessun ordine simbolico – nemmeno quello di Dio – può riassorbire. Si tratta della sporgenza della vita nel non-senso rispetto alla quale qualunque interpretazione religiosa appare come una "superbia infantile". È lo scandalo sollevato biblicamente da Giobbe: il dolore dell'esistenza sfida l'ordine del senso mostrandone l'inconsistenza strutturale. Di fronte a questo scandalo il protagonista di *Nemesi*, Bucky, non si rassegna. Esige che la tragedia della polio che ha invaso la sua città, in cui egli si scopre al tempo stesso – in una divisione beffarda – il primo difensore delle povere vittime e il portatore sano della malattia, abbia un senso, foss'anche quello della colpa. È quello che la voce narrante non tollera:

> Bucky non riusciva ad accettare che l'epidemia di polio fra bambini di Weequahic e del campo di Indian Hill fosse stata una tragedia. Doveva trasformare la tragedia in colpa. Doveva

[20] J. Lacan, *Il Seminario. Libro XI. I quattro concetti fondamentali della psicoanalisi (1964)*, Einaudi, Torino 2003, p. 61.

trovare una necessità a quanto accaduto. C'è l'epidemia e lui ha bisogno di trovarne la ragione. Deve chiedere perché. Perché? Perché? Che si tratti di qualcosa di insensato, contingente, incongruo e tragico non lo soddisfa. Che si tratti del proliferare di un virus non lo soddisfa. Cerca invece disperatamente una causa più profonda, questo martire, questo maniaco del perché, e trova il perché o in Dio oppure in se stesso oppure, misticamente, misteriosamente, nel loro letale fondersi nell'unico distruttore.[21]

È lo stesso dramma che vive padre Paneloux, il pastore della cittadina invasa dalla peste nel celebre romanzo di Albert Camus.[22] Le sue due prediche seguono ragionamenti differenti. Nella prima l'evento della peste viene decifrato a partire da una intenzione punitiva di Dio, e, dunque, dotato di un senso. Gli uomini meritano la sventura che li coglie. Il trauma del flagello gli impone la riflessione sui propri peccati. Il dilagare irruento del morbo e della morte – soprattutto di quella degli innocenti, dei bambini – spinge però padre Paneloux a cambiare decisamente registro. Nella sua seconda predica – quando ormai la peste ha invaso tutta la città e "dopo aver guardato a lungo morire un bambino" – l'accento non è più messo sull'intenzione redentrice di Dio, ma sulla sua castrazione – sulla castrazione di Dio –, sul carattere insensato e totalmente assurdo della tragedia della peste che nessun sistema simbolico potrà mai essere in grado di assorbire nell'ordine del senso. La sofferenza dell'innocente resta uno scandalo impenetrabile che resiste a ogni decifrazione. Rispetto a questa indecifrabilità non si può più invocare il disegno provvidenziale di Dio ma bisogna ammettere lo scandalo dell'insensatezza del male provando, comunque, come fecero eroicamente alcuni religiosi del convento della Mercy

[21] P. Roth, *Nemesi*, Einaudi, Torino 2011, p. 173. Devo l'evocazione di questo episodio a Federica Manzon (conversazione privata).
[22] Cfr. A. Camus, *La peste*, Bompiani, Milano 1979, pp. 73-77 e pp. 170-176.

devastato dalla grande pestilenza di Marsiglia, a "essere colui che resta!".[23]

Fuga dalla libertà

Salò di Pasolini descrive l'inferno sulla terra. Ma quando, come direbbe Lucrezio, l'inferno accade davvero sulla terra? L'inferno sulla terra non è il disagio della Civiltà di cui parlano Freud e gli psicoanalisti. Questo disagio è inevitabile perché è l'effetto dell'antagonismo tra la spinta acefala della pulsione che vorrebbe soddisfarsi immediatamente e il programma della Civiltà che le impone di differire tale soddisfazione. Non è così che accade l'inferno sulla terra. Per Freud il disagio della Civiltà non è l'inferno, ma definisce la condizione umana in quanto tale; la Civiltà esige un addomesticamento, un incivilimento, della spinta della pulsione. Impone all'uomo, per usare un'espressione di Freud, una "rinuncia pulsionale" in cambio del suo riconoscimento come uomo. In gioco è un sacrificio di godimento come condizione per essere incluso nella comunità dei parlanti e dei mortali. La Legge della parola impone, infatti, alla pulsione la via dell'esilio dal corpo. Non si può godere dell'oggetto più prossimo, più contiguo, dell'oggetto interdetto. Non si può godere della Cosa materna. È necessario fare un giro più lungo, è necessario abbandonare gli oggetti familiari, staccarsi dal corpo materno, avventurarsi nel mondo.

Quando allora l'inferno accade sulla terra? Il Novecento, più di altri secoli, ha conosciuto l'inferno attraverso la stagione terrificante dei totalitarismi che ha devastato l'Occidente. Fascismo, nazismo, stalinismo hanno animato il fantasma delirante e titanico di un Padre folle e avido di sangue. Qual è stata la sua amara lezio-

[23] Ivi, p. 175.

ne? L'uomo tende a rifiutare la propria libertà, vive la sua libertà come un peso che angoscia. La psicologia delle masse totalitarie mostra drammaticamente come il sacrificio di sé, il sacrificio della propria libertà, o, come direbbe Erich Fromm, la "fuga dalla libertà" (*Escape from freedom*),[24] animi l'adesione fanatica alla Causa (della Storia, della Razza, della Natura). Mostra una tendenza gregaria dell'umano a liberarsi della propria libertà per rifugiarsi nel grande corpo sociale della massa indivisa, nell'identificazione ("priva di mente", direbbe Bion) a massa.[25] Le utopie totalitarie del Novecento si sono tutte edificate sul rigetto della Legge della parola proclamando la follia lucreziana del "tutti vogliono tutto". Il Novecento è stato il secolo della follia delle masse. Nietzsche aveva mostrato come l'umano non fosse ancora pronto per la libertà. C'è nell'umano una tendenza a rifiutare la libertà, ad accomodarsi passivamente, a rifugiarsi nel gregge, a godere del proprio sacrificio. Le masse hanno rinunciato alla libertà per servire il Dio oscuro della Causa. Nietzsche ci aveva a suo modo avvertiti. L'esperienza della libertà è un'esperienza vertiginosa, abissale, angosciante. Gli esseri umani sono davvero capaci di essere liberi? L'uomo è in grado di vivere il tempo della "morte di Dio", cioè il tempo dell'assenza di garanzia e della mancanza di fondamento? L'uomo è all'altezza del compito che gli impone la propria libertà? La libertà comporta sempre una quota di angoscia perché ci espone al carattere ogni volta contingente e privo di garanzie della nostra scelta e dei nostri atti. La follia delle masse è stata quella di ricercare nel corpo dell'Ideologia un rifugio sicuro di fronte all'angoscia insopportabile della li-

[24] Cfr. E. Fromm, *Fuga dalla libertà*, Edizioni di Comunità, Milano 1979.

[25] Sui rischi tossici dell'identificazione a massa resta insuperabile E. Gaburri e L. Ambrosiano, *Ululare coi lupi. Conformismo e rêverie*, Bollati Boringhieri, Torino 2003. Su questo tema vedi anche lo studio classico di W. Reich, *Psicologia di massa del fascismo*, Einaudi, Torino 2009.

bertà. La follia del Novecento è stata, come ha mostrato bene Hannah Arendt, "follia dell'ideologia".[26] Certamente, gli uomini sono uomini perché vivono di Ideali e non solo di pane, ma lo sono anche perché, proprio vivendo di Ideali, possono arrivare a uccidere, distruggere, sbranarsi. Possono essere totalmente posseduti dall'Ideale. Non fu questa la follia umana, l'ipnosi collettiva che il Novecento ha rappresentato tragicamente? L'inferno ha preso la forma paranoica della distruzione del nemico rigettando nell'ignoranza colpevole la verità secondo la quale il vero nemico è sempre dentro di sé. Lo ricorda bene, prima della psicoanalisi, una massima evangelica: l'impuro non entra nell'uomo, *l'impuro è nell'uomo*. Non entra, ma esce dall'uomo. È un punto sovversivo della predicazione di Gesù rispetto alla tradizione ebraica che concepiva la purificazione attraverso rituali esteriori come quello della abluzione delle mani. Questa tradizione viene radicalmente scompaginata dall'affermazione di Gesù per la quale "non c'è nulla fuori dell'uomo che entrando in lui possa contaminarlo" perché sono solo "le cose che escono dall'uomo che contaminano l'uomo". A chi rimprovera ai suoi discepoli di non rispettare la tradizione che imponeva il rituale del lavaggio delle mani e dei recipienti prima di mangiare, identificando paranoicamente l'impuro come un batterio esterno all'uomo – come nemico esternalizzato –, Gesù afferma il principio che solamente "ciò che esce dall'uomo contamina l'uomo", perché solo "dall'interno del cuore dell'uomo escono i pensieri cattivi: fornicazioni, furti, omicidi, adulteri, cupidigie, malvagità, frode, impudicizia, invidia, bestemmia, orgoglio, insensatezza: tutte queste cose malvagie escono da dentro e contaminano l'uomo".[27] Ri-

[26] H. Arendt, *Le origini del totalitarismo*, Edizioni di Comunità, Torino 1999.

[27] Marco 7, 20-23. *I Vangeli. Marco, Matteo, Luca, Giovanni*, Einaudi, Torino 2006, pp. 50-51.

troviamo la stessa idea in Freud: il barbaro non è altro dal soggetto, ma è l'essere pulsionale che io stesso sono. Non serve dunque sterminare il nemico come se fosse un batterio, non servono misure sanitarie, né rituali igienici di purificazione, né cortine immunitarie; il male non viene mai solo da fuori; il male più inestirpabile abita il nostro essere.

Il fantasma della libertà come fantasma ipermoderno

Il nostro tempo sembra ricoprire con una falsa euforia la condizione scabrosa di inermità e di derelizione che accompagna la nostra esistenza. Il nostro tempo sponsorizza la dimensione feticistica dell'Io come nuovo idolo che ricopre – come accade propriamente nella funzione del feticcio – l'angoscia primordiale legata alla nostra condizione di inermità. La celebrazione dell'Io, della sua autonomia, del suo potere deliberativo e della sua autoconsistenza, è una cifra sintomatica del nostro tempo. Questo culto dell'Io per Lacan è la "follia più grande".[28] Il fantasma ipermoderno della libertà come dispiegamento dell'Io è la manifestazione fondamentale di questa follia. Di quale libertà si tratta? Di una libertà sganciata dalla responsabilità. Questo comporta la cancellazione della propria provenienza, delle proprie radici, del debito simbolico nei confronti dell'Altro. *Il fantasma della libertà rifiuta, insieme all'esperienza del limite, la discendenza, l'esperienza stessa della filiazione, rifiuta il nostro essere figli*. L'affermazione dell'Io avviene contro l'esistenza dell'Altro, contro la trascendenza del linguaggio che impone all'umano la necessità di subordinarsi alla Legge della parola. Il nostro tempo rifiuta questa subordinazione proclamando in modo delirante il

[28] Sulla "follia più grande" del narcisismo alla luce della psicoanalisi, vedi M. Recalcati, *Jacques Lacan*, cit., pp. 1-66.

"farsi" da se stesso dell'uomo, il rigetto della sua condizione di figlio – Lacan diceva addirittura di "servo" – del linguaggio. Divenire genitori di se stessi è una follia pari a quella che sostiene l'Io come padrone in casa propria. La libertà che ne deriva coincide con un fantasma di onnipotenza che scongiura il carattere finito dell'esistenza. Questa libertà non sorge dalla castrazione, dalla finitudine (è il grande tema, oltre che della psicoanalisi, di tutto l'esistenzialismo filosofico), ma esprime la follia dell'Io come follia di appropriazione del proprio fondamento. È, dunque, libertà che rifiuta la responsabilità che contrassegna invece il movimento singolare dell'ereditare. Non bisogna dimenticare che, come ricorda puntualmente Massimo Cacciari, il termine "erede" viene dal latino *heres* che ha la stessa radice del greco *cheros*, che significa "deserto, spoglio, mancante". Questo significa che non c'è differenza tra l'erede e l'orfano perché chi può davvero ereditare è "solo chi si scopre *orbus, orphanos*".[29] Ogni movimento autentico dell'ereditare suppone il taglio, la separazione, il trauma dell'abbandono del padre, l'esperienza della perdita, dell'essere, appunto, orfano. È questa la tensione profonda che caratterizza, come vedremo attraverso la figura di Telemaco, il movimento dell'ereditare. Una fedeltà passiva, senz'anima, non permette la soggettivazione del nostro passato. L'ereditare non è la ricerca di una rassicurazione identitaria. Implica piuttosto un salto in avanti, uno strappo, una riconquista pericolosa. Il nostro tempo rifiuta la condizione sradicata dell'erede-orfano per affermare una libertà che vorrebbe trovare solo in se stessa il suo fondamento. Si tratta di una dimensione allucinata della libertà. L'*homo felix* della festinazione maniacale ipermoderna riduce l'impresa tragica della "fedeltà alla terra", di cui parlava Nietzsche, a una canzone da orga-

[29] M. Cacciari, *Il peso dei padri*, in AA.VV., *Eredi. Ripensare i padri*, a cura di I. Dionigi, Rizzoli, Milano 2012, p. 28.

netto: la libertà si libera di ogni responsabilità per sostenere l'affermazione del godimento narcisistico come godimento dell'Uno senza l'Altro. Non si tratta affatto di un prolungamento frivolo dell'immanentismo che abita la volontà di potenza nicciana.[30] In Nietzsche la libertà non giustifica mai l'arbitrio ma, al contrario, tocca il colmo della responsabilità: come abitare un mondo senza Dio? Come l'uomo può dare senso a una terra disabitata da Dio? Come potrà essere "umano" in un modo diverso da quella versione dell'uomo che consegna la responsabilità della libertà agli Idoli della metafisica? In questi interrogativi dobbiamo collocare tutto il senso etico della meditazione di Nietzsche e il suo appello affinché l'uomo possa davvero essere all'altezza del compito della libertà. Diversamente, l'*homo felix* – l'uomo ipermoderno, l'uomo iperedonistico – vorrebbe liquidare quello della responsabilità come un problema antiquato. La libertà si dà come semplicemente e radicalmente spensierata. Ciò che conta è fare quello che si vuole senza assumere le conseguenze dei propri atti. La libertà ipermoderna separa l'atto dalla responsabilità. Essa non ha le sue radici nella riflessione di Nietzsche, il quale non ha fatto altro se non interrogare la possibilità dell'uomo di assumere su di sé il peso illimitato della responsabilità che comporta la libertà, ma nell'affermazione del discorso del capitalista che promette salvezza attraverso l'idolatria degli oggetti. Per questo il cuore del fantasma ipermoderno della libertà consiste nel *dissociare libertà e responsabilità*. Recidendo questo nesso che lega la libertà alla responsabilità (nesso che da Nietzsche si prolunga sino a Heidegger e a Sartre), l'*homo felix* sperimenta una liber-

[30] È uno dei punti di maggior distanza dalle analisi che Mauro Magatti sviluppa nel suo importante lavoro. Cfr. M. Magatti, *La libertà immaginaria. Le illusioni del capitalismo tecno-nichilista*, Feltrinelli, Milano 2009 e *La grande contrazione. I fallimenti della libertà e le vie del suo riscatto*, Feltrinelli, Milano 2012.

tà degradata a puro capriccio. Il capriccio è, infatti, una forma della libertà separata dal senso etico della responsabilità. L'irresponsabilità del capriccio consiste nello sciogliere il nesso tra l'atto – innanzitutto l'atto di parola – e le sue conseguenze.

La libertà di massa

Nel nostro tempo l'inferno non scaturisce più dalla fiamma pazza dell'ideologia. Siamo di fronte a una nuova versione – "soft" – del totalitarismo. Il disagio freudiano della Civiltà deriva dall'esperienza della rinuncia e impone all'umano di subordinare la sua vita alla Legge della parola. Non si tratta di una maledizione, come abbiamo visto, ma della condizione stessa dell'umanizzazione della vita. Il meglio che ci possa accadere è essere governati, sottomessi, assoggettati alla Legge della parola. Il Novecento ha invece stravolto questa Legge. Il sogno di ogni totalitarismo è trovare la purezza di un'Origine (la Razza, la Natura, la Storia) che preceda la Legge della parola. La versione ipermoderna del totalitarismo ha invece rinunciato a ogni pensiero dell'Origine. Il nuovo inferno scaturisce da una distorsione profonda del disagio freudiano della Civiltà. Mentre quel disagio si generava dal conflitto tra il programma della pulsione e il programma della Civiltà – l'incivilimento comportava la morte dell'animale e il sacrificio pulsionale dell'uomo –, quello attuale sembra generarsi dal culto perverso di un godimento immediato, illimitato, assoluto, privo di argini. Un godimento senza Causa, un godimento che non gode del sacrificio ma solo della sua crescita e del suo infinito potenziamento. Questo godimento che la macchina del discorso del capitalista mette a disposizione diffusamente non è più ciò che viene limitato dalla Legge della castrazione, ma diventa una nuova forma della Legge. La sola forma possibile della Legge. La Legge che conta è la Legge del godimento; è il godimento che assume le forme di un dovere paradossale, dove, come annunciava Lucrezio, "tutti vogliono tutto". Il godimento non è ciò che trasgredisce la Legge ma è la versione ipermoderna della Legge. Di qui scaturisce quel disagio iperedonistico della Civiltà che è stato al centro di molti miei lavori.[31]

Quale menzogna sull'umano deriva da questa nuova configurazione del disagio della Civiltà? Perché questo inferno implica una nuova disumanizzazione dell'uomo rispetto a quella che ha popolato la tragedia del Novecento? La menzogna fondamentale riguarda, come abbiamo già sottolineato, la nozione di libertà. L'uomo libero è un uomo ridotto a una pura spinta a godere, a una macchina di godimento che non realizza affatto quella promessa di liberazione che tale macchina sembra invece alimentare. Questa nuova rappresentazione dell'uomo è alternativa all'uomo ideologico del Novecento perché ciò che lo muove non sono più le grandi passioni ideali, ma la spinta compulsiva del godimento mortale. La concezione della vita dell'*homo felix* appare pragmatica ed edonistica. Ma, come insegna la clinica della psicoanalisi, dove la pulsione si sgancia dal desiderio diviene solo pulsione di morte. L'uomo ipermoderno vuole realizzare sino in fondo la spinta a godere al di là del desiderio. La sua questione è radicale: cosa può dare senso a questa vita se non il godere disperatamente sino alla morte? Se non la ripetizione eternizzante del godimento? Non è questo l'imperativo superegoico del nostro tempo? Non è questa la sua perversione di fondo? Godere assolutamente al di là della Legge della parola! Se tutti gli ideali si sono smerdati – come mostra il *Salò* di Pasolini –, se hanno perduto ogni consistenza, quello che resta è solo l'uomo come pura macchina di godimento. È il tratto cinico e narcisistico del nostro tempo. Ciascuno rivendica il pro-

[31] Tra questi in part. vedi M. Recalcati, *Clinica del vuoto. Anoressie, dipendenze, psicosi*, FrancoAngeli, Milano 2002 e *L'uomo senza inconscio*, cit.

prio diritto alla felicità come diritto di godere senza intrusioni di sorta da parte dell'Altro. Si tratta di una nuova ideologia, di una ideologia che sorge sull'abbandono di ogni ideologia. Essa inneggia alla liberazione del desiderio dissociando radicalmente la rinuncia pulsionale – per Freud effetto di umanizzazione della vita prodotta dal programma della Civiltà – dal senso. Questa nuova versione dell'umano si fonda sul deterioramento dell'esperienza del desiderio. Cosa è destinato a diventare il desiderio al di là della Legge della parola? Diventa una spinta avida a godere della propria vita sino alla morte. Si riduce al movimento ripetitivo e senza soddisfazione del riempimento impossibile dell'uomo come un "vaso forato", secondo la celebre immagine proposta da Lucrezio.[32] Ma questo riempimento è impossibile perché la natura della spinta pulsionale che lo attraversa è insaziabile. Di questa visione del desiderio abbiamo un ritratto impareggiabile nella *Parabola dei ciechi* del fiammingo Bruegel:[33] una colonna di ciechi aggrappati a una guida cieca. Una colonna smarrita, diretta verso il baratro. Il desiderio ipermoderno sembra vivere nel mito dell'espansione di sé, dell'accrescimento, del proprio potenziamento, ma, in realtà, esso genera solo una processione infinita di oggetti che non danno alcuna soddisfazione. Nessun oggetto può infatti riempire quel "vaso forato" di cui è fatto l'uomo. La potenza salvifica, medicinale, analgesica, dell'oggetto è la seconda grande menzogna del nostro tempo. Come se ciò che porta la salvezza fosse il nuovo oggetto, l'oggetto più nuovo. Eppure il vaso resta forato. Il desiderio insaziabile mentre consuma i suoi oggetti consuma anche chi li consuma. Non c'è qui alcuna liberazione, ma solo coazione, servaggio, dipendenza patologica. Il desiderio insaziabile genera solo schiavitù.

[32] Lucrezio, *De Rerum Natura*, VI, 20.

[33] Per un suo commento più ampio, vedi M. Recalcati, *Ritratti del desiderio*, Raffaello Cortina, Milano 2012, pp. 75-86.

Non libertà di massa, come promette il discorso del capitalista, ma solo assoggettamento anonimo. Il paradosso che comanda la libertà ipermoderna è che essa non è libera. Il Nuovo diventa un imperativo superegoico rivelandosi come l'altra faccia dello Stesso. Quello che si ripete infinitamente è, infatti, la stessa insoddisfazione. L'inferno ipermoderno consiste nella riduzione della libertà al puro arbitrio del capriccio. È la festa continua, senza rispetto per la Legge della parola, della notte dei Proci. Il desiderio si trasfigura in un godimento compulsivo. Il disagio della Civiltà non assume più il volto del sacrificio e della rinuncia pulsionale, ma quello stralunato delle bulimiche, dei tossici, degli alcolisti, dei panicati, dei giovani apatici e spensierati. La pulsione si è staccata dal desiderio e non obbedisce in alcun modo alla Legge della parola: è solo pura volontà di volere tutto.

Eppure il desiderio non ha solo questo volto tirannico e insoddisfatto del desiderio insaziabile. Esso è anche ciò che resiste all'impero del godimento mortale. Cosa può salvare la vita da questa nuova forma di schiavitù? È il desiderio come vocazione, apertura, forza che trascende l'immediatezza del consumo. È desiderio che non crede al potere salvifico dell'oggetto e al suo carattere seriale. È desiderio che non insegue ciecamente il miraggio del Nuovo, ma che estrae il Nuovo dalla fedeltà allo Stesso perché sa rendere le stesse cose Nuove. Questa forza – la potenza del desiderio – non è in antitesi alla responsabilità ma è una forma radicale e illimitata della responsabilità. Nell'*Odissea* Ulisse, il padre di Telemaco, lo rivela nel gesto del tiro con l'arco. Ci vuole forza orientata dalla memoria, forza sapiente, forza di raggiungere la propria parte perduta. L'arco si piega, non rigetta le mani di chi lo sa riconoscere, di chi, a sua volta, si piega alla sua forza.[34]

[34] Cfr. Omero, *Odissea*, traduzione e cura di M.G. Ciani, Marsilio, Venezia 2003, canto XXI, pp. 321-333. Una lettura intensa di questa scena si trova in L. Zoja, *Il gesto di Ettore*, cit., pp. 117-120.

La Legge della parola impone il distacco dagli oggetti più familiari, sovverte l'ordine naturale dell'immediatezza, imponendo il differimento del godimento. Ma questo differimento – abbiamo già detto – non è affatto una maledizione. La forma più riuscita di differimento o di sublimazione pulsionale è il *lavoro*, che non a caso Hegel definiva come un "appetito tenuto a freno". Attraverso il lavoro si dà forma umana al mondo, si realizza impresa, la vita si umanizza. Il lavoro – come aveva ben compreso Marx – è una espressione profonda del programma della Civiltà. È il punto dove la forza della pulsione produce la forma del mondo. È solo l'estraneazione alienata del lavoro che genera caduta del senso, ma il lavoro in quanto tale, in quanto manifestazione umana della prassi, è una forma di realizzazione dell'uomo. Non è caduta del senso, ma ciò che dà senso alla vita come mostrano il moltiplicarsi dei suicidi nel tempo della crisi economica che stiamo attraversando. L'inferno è essere spogliati del proprio lavoro, della possibilità di rendere umana la vita differenziandola da quella animale. Per questo la parola "lavoro" è al centro del discorso del soggetto in questo tempo di grande precarietà. I pazienti non parlano solo delle loro schiavitù, dei loro sintomi, ma anche del lavoro come possibilità di riscatto. Nel lavoro non c'è, infatti, solo sfruttamento, brutalità del Capitale, asservimento della vita, come un cattivo uso ideologico del marxisimo ha voluto farci credere. Il lavoro in sé – come ha dimostrato lo stesso Marx – non coincide affatto con l'alienazione. La domanda giovanile mai come in questi tempi è stata innanzitutto *domanda di lavoro*. Lo sguardo di Telemaco, aperto sul mare, non è uno sguardo che si aspetta un lavoro come possibilità di dare senso alla propria presenza nel mondo?

Anche la crisi economica giapponese, alla fine degli anni novanta, aveva avuto tra le sue conseguenze un aumento significativo del numero di suicidi. Si trattava per lo più di uomini al di sopra dei cinquant'anni che si trovarono ai margini dei processi di ristrutturazione industriale. Spesso sceglievano di gettarsi sotto i treni che entravano in stazione. L'ampiezza di questo fenomeno condusse una compagnia dei treni di Tokyo a installare dei cosiddetti "specchi anti-suicidio". Gli psicologi giapponesi pensavano che restituire al soggetto la sua immagine avrebbe potuto avere un effetto dissuasivo: vedere la mia immagine di uomo allo specchio dovrebbe smorzare la mia spinta suicidaria. Una iniezione di narcisismo doveva servire a contrastare il sentimento depressivo che conduceva verso il baratro. Pensiero ingenuo. L'immagine di noi stessi non è affatto l'immagine che ci restituisce lo specchio, ma quella che ci rimanda il corpo sociale, le persone che amiamo, che stimiamo, quelle che ci riconoscono un valore; lo specchio che conta è lo specchio che ci restituisce la dignità del nostro essere uomini. Per questo, per il bambino, come affermava Winnicott sulla scia di Lacan, il vero specchio è il volto della madre. Coloro che decidono per il suicidio sono uomini che hanno perduto la loro immagine, che hanno incontrato uno specchio in frantumi, che non possono più riconoscersi in nulla. Sono stati spogliati della loro stessa immagine perché hanno perduto la possibilità del lavoro come possibilità che assegna dignità e valore alla vita umanizzandola, realizzandola socialmente.

Non di solo pane vive l'uomo, recita la celebre massima evangelica. Gli psicoanalisti non sono certo i soli a verificarne quotidianamente la verità: la vita umana non si realizza solo attraverso l'appagamento dei bisogni primari, naturali, istintuali. La vita si umanizza solo attraverso l'acquisizione di una dignità simbolica che la rende unica e insostituibile. La vita si umanizza attraverso il suo essere riconosciuta, dalla propria famiglia e dal corpo sociale di appartenenza, come vita umana. Di fronte alla tragica raffica di suicidi causati dalla perdita del lavoro, da fallimenti professionali o dall'angoscia di non riuscire a sopportare l'aumento continuo dei debiti e l'onda sismica della crisi economica che stiamo vivendo, torna alla mente tutta la potenza della massima evangelica. Non perché il pane non abbia importanza. E chi potrebbe negarlo, soprattutto in tempo di crisi, dove la stessa sopravvivenza degli individui e delle loro famiglie è messa a repentaglio? Eppure il dramma del suicidio è propriamente umano – e solo umano – perché in gioco non c'è *solo il pane*. La mancanza del pane può generare indignazione, lotta, contrasto, rivendicazione legittima di giustizia sociale, disperazione, frustrazione, scoramento. Ma non è la mancanza del pane in sé che può condurre una vita alla decisione di uscire dal mondo. Marx aveva ragione a rifiutarsi di considerare il lavoro un mero mezzo di sostentamento. Egli pensava che l'uomo trovasse in esso non solo il mezzo per guadagnare il pane necessario, ma anche e soprattutto la possibilità di dare senso alla propria vita, di renderla diversa da quella dell'animale, di renderla umana. È il lavoro che dà una forma al mondo, che trasforma la materia, che realizza impresa, costruzione, progetto, che sa generare futuro. È ciò che portava Marx a conferire al lavoro umano una dignità fondamentale e insostituibile.[35] Per questa ragione il lavoro non è innanzitutto fonte di alienazione, ma possibilità di realizzazione della vita. Non è ciò che deruba la vita ma ciò che la costituisce in quanto umana. Eppure abbiamo conosciuto stagioni culturali dove il lavoro in quanto tale – e non la sua espropriazione capitalista secondo la tesi classica

[35] Il lavoro manifesta per il giovane Marx la vita attiva dell'uomo, l'essenza umana dell'uomo, perché soltanto nel lavoro come "trasformazione del mondo oggettivo l'uomo si mostra realmente come essere appartenente a una specie [...], in quanto egli si raddoppia, non soltanto come nella coscienza, intellettualmente, ma anche attivamente, realmente, e si guarda quindi in un mondo da esso creato". K. Marx, *Manoscritti economico-filosofici del 1844*, Einaudi, Torino 1980, p. 79.

di Marx – veniva rigettato come fonte di alienazione e di abbrutimento della vita. Parlo ovviamente del lavoro e non delle sue condizioni materiali che possono animalizzare la vita, insultarla, sfruttarla barbaramente. La tesi del lavoro contrapposto alla vita e non come condizione della sua umanizzazione attraversa un certo libertarismo ingenuo che ha condizionato il movimento del '68 e che è giunto sino a noi attraverso gli anni settanta. Questa cultura finisce oggi – come aveva indicato con chiaroveggenza Lacan – per colludere fatalmente con l'iperedonismo di cui si nutre il discorso del capitalista: il lavoro è solo un limite, un peso, un'afflizione, un male. Meglio fare soldi per altre vie, più rapide e meno faticose. Meglio seguire la "via breve" e allucinata di un'economia di carta, finanziaria, speculativa, che passare dalla "via lunga" e irta di ostacoli come quella del lavoro. L'ideologia della liberazione del desiderio conduce dritta dritta verso il rifiuto cieco del lavoro come forma di abbrutimento dell'uomo. Ma cosa sarebbe una economia senza il lavoro? Come potrebbe reggersi, come potrebbe generare ricchezza? È la grande illusione dell'economia finanziaria che ha sospinto l'Occidente verso il baratro della crisi.[36]

In *Cosa resta del padre?* avevo messo l'accento su di un errore fatale presente nella legittima contestazione sessantottina delle versioni disciplinari e autoritarie della Legge incarnate dal padre-padrone. Emanciparsi davvero dal padre non significa rigettarne l'esistenza. Per fare a meno del padre – sosteneva Lacan – bisogna sapersene servire. Il rifiuto del padre in quanto tale incatena per sempre al padre; l'odio non libera, ma vincola per l'eternità, genera solo mostri, ostruisce il dispie-

[36] Non si potrebbe interpretare l'opposizione tra lavoro e finanza con le categorie di desiderio e godimento? Il lavoro non è una delle espressioni più alte del desiderio? E il profitto realizzato con la speculazione finanziaria – raggiunto per "via breve" – non sarebbe un paradigma del godimento mortale che rifiuta la "via lunga" della sublimazione?

gamento della vita. La retorica del divenire genitori di se stessi di cui il nostro tempo è uno sponsor allucinato trascura che nessuna vita umana si costituisce da sé. Rigettando la paternità si rigetta anche il debito simbolico che rende possibile la filiazione da una generazione all'altra; la libertà si sgancia dalla responsabilità e diviene puro capriccio, trionfo della perversione. Ebbene, anche a proposito del lavoro le cose non stanno affatto diversamente. Il rifiuto ideologico del lavoro come luogo di mortificazione della vita contrasta oggi in tutta evidenza con la disperata esigenza del suo diritto, della possibilità che vi sia e che si dia lavoro. Le persone si ammazzano non per liberarsi dal lavoro, ma per rivendicare – seppure in modo distruttivo – la loro dignità di uomini, per poter realizzare la propria essenza umana – direbbe il giovane Marx – *attraverso il lavoro*. L'ereditare come movimento di soggettivazione passa attraverso la possibilità del lavoro. Non è forse questa una delle ragioni che spingono Ulisse, il padre di Telemaco, contro l'arroganza dissipativa dei Proci? Contro il loro perdersi in un godimento senza soddisfazione? Contro il loro rifiuto del lavoro?

2.
La confusione delle generazioni

Il compito dei genitori

Il compito dei genitori, dichiarava Freud, è un compito impossibile. Come governare e psicoanalizzare, aggiungeva. Significa che il mestiere del genitore non può essere ricalcato su di un modello ideale che non esiste. Ciascun genitore è chiamato a educare i suoi figli solo a partire dalla propria insufficienza, esponendosi al rischio dell'errore e del fallimento. Per questa ragione i migliori non sono quelli che si offrono ai loro figli come esemplari, ma come consapevoli del carattere impossibile del loro mestiere. Ecco una buona notizia che dovrebbe alleviare l'angoscia di chi si trova a occupare questa posizione. La clinica della psicoanalisi conferma impietosamente questa verità. I genitori peggiori – quelli che fanno più danni ai loro figli – non sono solo quelli che abbandonano le loro responsabilità evadendo il compito educativo che spetta loro, ma anche quelli che misconoscono la loro insufficienza, quelli che anziché sottomettersi alla Legge della parola – come chiedono ai loro figli di fare – pensano presuntuosamente di incarnarla. Sono i genitori educatori, quelli che usano il loro sapere come fosse un potere e viceversa. Sono quelli che pretendono di spiegare il senso della vita perché si sentono *proprietari* della vita dei loro figli. Sono quelli che anziché accogliere la Legge della parola diventandone custodi presumono di avere diritto ad avere sempre l'ultima parola su ogni cosa. È questa l'aberrazione maggiore che colpisce la figura del genitore-educatore e, in modo privilegiato, la figura del padre che in questo caso non è più – come dovrebbe essere – colui che sa dare la parola, che sa portare la parola, ma colui che reputa suo diritto esclusivo esercitarla come un potere assoluto.

Questa rappresentazione del genitore-educatore non è però il solo modo per annullare l'impossibilità che comporta il mestiere impossibile del genitore. Nell'attualità non prevale tanto il genitore-educatore ma il suo rovescio speculare: la figura del *genitore-figlio*. Si tratta di quei genitori che abdicano alla loro funzione, ma non perché abbandonano i loro figli, né perché si pongono come degli educatori esemplari, ma perché sono troppo prossimi, troppo simili, troppo vicini ai loro figli. I peggiori non sono più solo coloro che si sentono affidare un compito educativo vissuto come missione redentrice – sono i genitori come educatori di professione –, ma quelli che si assimilano simmetricamente alla giovinezza dei loro figli. Il figlio-Narciso si rispecchia nel genitore-figlio e viceversa. La differenza simbolica tra le generazioni lascia il posto a una loro confusione di fondo. Si tratta – per riprendere una formula di Pasolini – di una "mutazione antropologica" recente: l'evaporazione degli adulti, dileguati di fronte al peso delle loro responsabilità educative.

Il compito impossibile dei genitori si è caricato oggi di nuove angosce. Scopriamo l'acqua calda se diciamo che il nostro tempo è il tempo della crisi simbolica della funzione dell'autorità genitoriale. Questo non vuol dire solo che i padri e i genitori sono in crisi, ma che la Legge della parola sembra aver smarrito il suo fondamento simbolico. Se il nostro è il tempo dell'"evaporazione del padre" è perché è il tempo dell'"evaporazione della Legge della parola" come ciò che custodisce la possibilità degli umani di vivere insieme. I sintomi di questa evaporazione sono sotto gli occhi di tutti e non investono solo lo studio dello psicoanalista (genitori angosciati, figli smarriti, famiglie nel caos); essi attraversano l'intero corpo sociale: difficoltà a garantire il rispetto delle istituzioni, frana della moralità pubblica, eclissi del discorso educativo, caduta di un senso della vita condiviso, incapacità di costruire legami sociali creativi, trionfo di un godimento mortale sganciato dal desiderio... In primo piano non è tanto un indebolimento culturale delle leggi scritte sul Codice e sui libri di Diritto, ma del senso stesso della Legge della parola che, come la psicoanalisi insegna e come abbiamo visto, ha come suo tratto fondamentale quello di sostenere la vita umana come marcata da una mancanza, da un senso del limite, da una impossibilità di autosufficienza.

Questo indebolimento culturale della Legge della parola non genera solo smarrimento, ma anche il sintomo di una invocazione compulsiva delle leggi scritte nella forma dell'appello reiterato ai giudici, ai tribunali, alle norme stabilite dal Codice. È un altro tratto caratteristico del nostro tempo: *la Legge viene continuamente invocata a partire da un difetto di trasmissione del senso simbolico della Legge*. L'evanescenza della Legge simbolica della parola moltiplica un ricorso assillante alla Legge. La clinica psicoanalitica definisce la tendenza a invocare continuamente l'intervento della Legge del Codice come supplenza a una mancata iscrizione del soggetto nella Legge della parola, "querulomania".[1] Si tratta di un uso reale e persecutorio della Legge che in realtà tenta di coprire il vuoto lasciato dalla forclusione della Leg-

[1] È stato Giacomo Contri a rivalutare, già diversi anni fa, l'importanza cruciale di questa figura come paradigma di un certo modo (ipermoderno) di abusare impunemente della Legge. Cfr. G. Contri, *Il lavoro di querela*, in "La Psicoanalisi", n. 1, Astrolabio, Roma 1987, pp. 178-189.

ge simbolica della parola. Ma la Legge non è minaccia di punizione, non è vendetta, non porta rancore. Anche Telemaco la invoca insistentemente – come quando in apertura della Telemachia, seguendo il consiglio della dea, convoca l'assemblea del popolo per porre l'arroganza dei Proci di fronte alla Legge della parola –, ma la sua invocazione non è per nulla querulomanica.[2] Nella querulomania – che è una declinazione "legalistica" della paranoia – *il ricorso alla Legge del Diritto avviene contro la Legge della parola*. Si tratta di un uso solo aggressivo della Legge, mentre Telemaco attende la Legge della parola per bonificare l'aggressività mortale che scaturisce dal venire meno del rispetto della differenza simbolica tra le generazioni. Ulisse ritorna a uccidere i figli che non rispettano la Legge della parola che è la *Legge dell'ospitalità*. Nelle pagine che seguono cercheremo di mostrare come il complesso di Telemaco si configuri quale possibile chiave di lettura per intendere il disagio ipermoderno della giovinezza. Diversamente dal querulomane, che vorrebbe usare la Legge *ad personam,* l'attesa del figlio di Ulisse è che vi sia possibilità di giustizia per la città, per la *polis*; egli invoca la Legge non come oppressione della vita ma come una sua liberazione.

L'attuale sviluppo querulomaniacale dell'appello alla Legge giuridica compensa la difficoltà dei genitori di fare rispettare la Legge della parola nel tempo della confusione tra le generazioni. Il richiamo compulsivo alla Legge dei Codici sembra denunciare la difficoltà degli adulti a esercitare la funzione simbolica della Legge. *L'inattività dell'Altro simbolico tende così a smuovere iperattivamente l'Altro del tribunale*. È quello che accade nelle famiglie contemporanee. Ci sono i tribunali che accolgono le istanze dei bambini maltrattati dagli adulti e quelli che soccorrono gli adulti nelle loro diatribe coniugali. L'isti-

[2] Cfr. Omero, *Odissea*, cit., canto II, p. 17.

tuto della mediazione familiare sembra essere divenuto indispensabile per temperare conflitti a rischio di degenerazione.[3] Situazione tanto più paradossale se si considera che sono spesso i figli che impongono e fanno la Legge in famiglia. Sono loro che, anziché subirle, dettano le regole. È una grande mutazione antropologica: non è più il figlio che deve adattarsi alle norme simboliche che regolano la vita di una famiglia, ma sono le famiglie che si adattano alla Legge stabilita dal capriccio dei loro figli.[4] L'invocazione dell'intervento del giudice è un segnale di questa alterazione profonda dei ruoli simbolici. Si tratta di un paradosso ipermoderno: i genitori, che sono sempre più in difficoltà nel trasmettere ai loro figli il senso della Legge della parola, si appellano alla Legge del giudice affinché restituisca loro la proprietà dei figli!

La violenza, il sopruso, il disordine caratterizzano da sempre le relazioni umane, comprese quelle familiari. I conflitti fanno parte della vita. La Legge della parola non abolisce le asperità delle relazioni umane, ma rende possibile la loro inclusione in un discorso. Perché allora si è reso sempre più necessario l'intervento di una istanza terza capace di regolare semaforicamente il disordine delle relazioni affettive più intime? Sempre più frequentemente i problemi della famiglia finiscono di fronte a un giudice o esigono la mediazione compiuta da un Terzo. Nell'epoca in cui il Terzo sembra non esistere più, nell'epoca in cui tutto appare uguale a tutto, in cui la differenza tra le generazioni sembra inghiottita in una identificazione confusiva tra genitori e figli, si usa chiamare in causa il Terzo ogniqualvolta si incontra un osta-

[3] Sul dispositivo della mediazione familiare alla luce della psicoanalisi, vedi l'importante lavoro di M. Bouchard e G. Mierolo, *Offesa e riparazione. Per una nuova giustizia attraverso la mediazione*, Bruno Mondadori, Milano 2005.

[4] M. Gauchet, *Il figlio del desiderio. Una rivoluzione antropologica*, Vita e Pensiero, Milano 2010.

colo al perseguimento dei propri interessi o di quello dei propri figli. I genitori rompono senza problemi il patto generazionale con gli insegnanti se si tratta di non far perdere un anno al proprio figlio ingiustamente giudicato, e ogni intervento Terzo viene visto con sospetto e diffidenza, come se si trattasse di un abuso di potere.[5] Perché non si separano se non fanno altro che litigare? si chiedeva un giovanissimo paziente. Quando osò porre questa domanda ai suoi genitori questi gli risposero all'unisono: "E tu cosa faresti senza di noi?". Sottintendendo che si stavano sacrificando per il suo bene. Risposta: "Dunque dovrei morire perché voi vi possiate finalmente lasciare?". La logica ferrea di questo piccolo non lascia scampo ai suoi genitori giustamente angosciati nell'assunzione delle loro responsabilità educative. Sappiamo che la genitorialità non può mai essere confusa con il destino, talvolta burrascoso, della coppia. Sappiamo come i figli possano venire trascinati nel gorgo tremendo delle reciproche rivendicazioni dei coniugi. È allora che, per esempio, si esige l'intervento urgente di un Terzo. Ma il giudice interviene sui figli o sugli adulti? La sua chiamata in causa, sempre più inflazionata, non testimonia forse una *minorizzazione generalizzata degli adulti*, nel senso che evidenzia come sia venuta loro meno la forza di assumersi la responsabilità della decisione che comporta ogni atto educativo? In gioco è piuttosto una delega della responsabilità al giudice. Ma perché il Terzo deve essere necessariamente incarnato da un giudice se la Legge della parola non s'identifica in quella dei Codici? Il Terzo non dovrebbe invece apparire nella forma del riconoscimento del senso simbolico della Legge della parola che impone ai genitori la cura dei propri figli al di là dei loro interessi personali? Il senso simbolico della Legge oggi è screditato o del tutto confuso con

[5] Cfr. J.-P. Lebrun, *La perversion ordinaire*, cit.

l'esistenza materiale dei Codici. Così la querulomania diffusa rivela, nel ricorso continuo alla Legge del Diritto, un difetto di soggettivazione della Legge della parola che investe il mondo degli adulti. Restituire valore al carattere simbolico della Legge implicherebbe per i genitori saper rinunciare alle aspettative narcisistiche sui loro figli. L'atto educativo porta con sé il destino di separazione che accompagna la relazione dei genitori con i loro figli. Saper perdere i propri figli è il dono più grande dei genitori, che inizia laddove essi si assumono la responsabilità di rappresentare la Legge della parola. Essere padri, come ci ricorda lo scandaloso racconto biblico del sacrificio di Isacco, implica innanzitutto la dimensione della rinuncia radicale al possesso dei propri figli, implica saperli "affidare al deserto".[6]

La Legge e le leggi

La vita della comunità è resa possibile dalla mediazione simbolica che la Legge della parola impone. La vita umana si realizza attraverso il linguaggio che le impone un continuo e faticoso esercizio di traduzione: divento ciò che sono solo passando dalla mediazione dell'Altro (famiglia, istituzioni, società, cultura, lavoro ecc.). Molti psicoanalisti osservano come nel nostro tempo questa mediazione istituzionale necessaria alla vita sia in crisi.[7] Tutte le istituzioni si trovano in difficoltà a preservare la loro funzione Terza. Fare gli interessi della collettività è percepito come un abuso di potere contro la libertà dell'individuo. Un forte vento spira in direzione contraria alla funzione simbolica delle istituzioni. Di

[6] M. Robinson, *Gilead*, Einaudi, Torino 2008, p. 134. Ringrazio Aurelio Mottola per avermi fatto dono di questo libro.

[7] Cfr. AA.VV., *Avons-nous encore besoin d'un tiers?*, a cura di J.-P. Lebrun e E. Volckrick, Érès, Toulouse 2005.

questo vento gli esempi sono molteplici e investono anche la nostra vita quotidiana. Di fronte a una bocciatura i genitori tendono ad allearsi ai loro figli più che con gli insegnanti; possono cambiare scuola o impugnare la loro causa rivolgendosi ai giudici del Tar; l'assunzione di una posizione educativa suscita il sospetto di esercitare un potere arbitrario; la Rete offre la possibilità a chi ritiene di essere uno scrittore di farsi il proprio libro online senza passare dal giudizio degli editori; le amicizie non passano più dalla mediazione indispensabile dell'incontro, ma si coltivano in modo anonimo sui social network; di fronte alla dimensione necessariamente snervante del conflitto politico si preferisce l'opzione della violenza, dell'insulto o della diffamazione calcolata dell'avversario. Anche i sintomi che affliggono la vita delle persone hanno cambiato segno; mentre qualche decennio fa apparivano centrati sulle pene d'amore e sull'importanza irrinunciabile del legame sociale, oggi non è più la rottura del legame a fare soffrire, ma è l'esistenza del legame che viene rifiutata come fonte di disagio. Ecco allora formarsi nuove etnie monosintomatiche delle anoressiche, dei depressi, dei panicati, dei tossicomani, ciascuna radunata intorno alla propria insegna feticistica.[8] L'esempio forse più inquietante affligge il mondo giovanile. Milioni di giovani vivono, nel mondo cosiddetto civilizzato, come prigionieri volontari rinchiusi nelle loro camere. Hanno interrotto ogni legame con il mondo, si sono ritirati dalla vita, hanno abbandonato scuola e lavoro. Questa moltitudine anonima preferisce il ritiro autistico, il ripiegamento narcisistico su di sé, alla difficoltà della traduzione imposta dalla Legge della parola. È un segno dei nostri tempi. Il Terzo appare sempre più come un intruso. Eppure non c'è vita umana che

[8] Cfr. M. Recalcati, *L'omogeneo e il suo rovescio. Per una clinica psicoanalitica del piccolo gruppo monosintomatico*, FrancoAngeli, Milano 2005.

non si costituisca attraverso la mediazione simbolica dell'Altro. Il pianto angosciato di un bambino nella notte ci chiama alla risposta, alla presenza, ci convoca nella nostra responsabilità illimitata di accogliere la sua vita. Il mito del farsi da se stessi, dell'autogenerazione, come quello del farsi giustizia da sé, resta, almeno per la psicoanalisi, un mito fascista. Nessuno è padrone delle sue origini, come nessuno può essere salvatore del mondo. Non esiste comunità umana senza mediazione istituzionale, senza mediazione simbolica, senza il lavoro paziente della traduzione.

Questo declino della mediazione simbolica non significa solo che il nostro tempo ha smarrito la funzione orientativa dei grandi Ideali della modernità e scorre privo di bussole certe al di fuori dei binari solidi che le grandi narrazioni ideologiche del mondo (cattolicesimo, socialismo, comunismo ecc.) e le sue istituzioni disciplinari (Stato, Chiesa, Esercito) assicuravano. Questo declino mostra, come direbbe Pasolini, una vera e propria "mutazione antropologica" della vita. Il nostro tempo è il tempo in cui l'individualismo si afferma nella sua versione più cinica e narcisistica investendo la dimensione istituzionale della mediazione simbolica di un sospetto radicale: tutte le istituzioni che dovrebbero garantire la vita della comunità non servono a niente, sono, nella migliore delle ipotesi, zavorre, pesi arcaici che frenano la volontà di affermazione dell'individuo o, nella peggiore delle ipotesi, luoghi di sperpero e di corruzione osceni. Ma come? Non è compito delle istituzioni, come dichiarava Lacan, porre un freno al godimento individuale rendendo possibile il patto sociale, la vita in comune?

La violenza di questa crisi economica ha prodotto una giusta sfiducia diffusa verso tutto ciò che agisce in nome della vita pubblica, verso tutto ciò che sfugge al controllo diretto del cittadino. Le istituzioni non l'hanno saputa avvertire, frenare, governare. Il caso della politica si impone come esemplare. Il luogo che dovrebbe riuscire a determinare l'integrazione pubblica delle differenze individuali sotto il segno del bene della *polis* – il luogo più eminente dell'esercizio della traduzione simbolica – si è rivelato corrotto dall'affermazione più scriteriata degli interessi individuali. L'uomo politico, liberato dal peso dell'ideologia, si è ridotto a un furfante che ruba solo per se stesso.[9] In questo senso Lacan replicava alle critiche degli studenti del '68 che gli rimproveravano di non autorizzare la rivolta contro le istituzioni, che non esiste alcun "fuori" dalla mediazione imposta dal linguaggio. Il destino degli esseri parlanti è infatti quello della traduzione, dell'essere gettati, esposti alla lingua dell'Altro. Lacan nel 1968 disillude l'impeto rivoluzionario degli studenti: non esiste possibilità che una rivolta animata dalla rottura con il campo istituzionale del linguaggio non ricada nella stessa violenza dalla quale avrebbe voluto liberarsi. La rivoluzione riconduce sempre al suo punto di partenza, porta sempre con sé un nuovo padrone.[10] Non è solo un insegnamento della

[9] Prima che ci affidassimo ai cosiddetti "tecnici" la Lega aveva ricercato nel mito – quello delle fonti del Po e dell'ideale della terra padana – il modo per sottrarre la politica dalla sua evaporazione tecnocratica. Oggi il nuovo populismo afferma la totale insensatezza del mito appoggiandosi sulla democrazia tecnologica garantita dalla Rete per evitare la "truffa" della mediazione politica. Ma entrambe queste opzioni – quella del mito e quella della democrazia tecnologica – appaiono profondamente narcisistiche perché incapaci di cogliere che la politica è precisamente arte della mediazione, esercizio continuo della traduzione.

[10] L'invocazione di una democrazia diretta, che reagisca in modo anti-istituzionale alla debolezza e alla degenerazione insopportabile delle istituzioni, rischia di spalancare il baratro di un populismo che finisce per gettare via insieme all'acqua sporca della democrazia anche il suo bambino. Il grillismo sbandiera una forma di partecipazione diretta del cittadino che rifiuta ogni genere di mediazione e che di conseguenza giudica, come un ferro vecchio della democrazia, la funzione sociale dei partiti. I segni di discordie che attraversano questo movimento non annunciano però niente di buono. È un film che abbiamo già visto. È una legge storica e psichica, collettiva e individuale insieme: chi si pone al di fuori del sistema del confronto politico e dell'esercizio della mediazione simbolica che la democrazia impone, finisce per generare lo stesso mostro che giustamente combatte.

storia ma anche, più modestamente, della pratica della psicoanalisi. La rabbia verso i padri, il puro rifiuto di tutto ciò che si è ricevuto, la negazione del nostro statuto di eredi, rischia sempre di generare una protesta sterile che s'infila nel tunnel cieco della violenza e dell'insulto, che impedisce di discriminare l'oro dal fango, che fa di tutta l'erba un fascio, e, *dulcis in fundo*, che mantiene legati per sempre al padre di cui ci si voleva liberare, rieditandone il volto mostruoso e autoritario.

Adulterazioni

I genitori sembrano essersi smarriti nello stesso mare dove ogni giorno si perdono i loro figli. In primo piano non è più la differenza generazionale ma la *confusione tra le generazioni*. È sempre più difficile crescere in un mondo che sogna l'eterna giovinezza e che rigetta l'esperienza reale dell'impossibile. Questa riduzione a zero della responsabilità soggettiva è una cifra del nostro tempo. Una recente commedia americana, *Young Adult* di Jason Reitman, sembra darci – già solo nel titolo – la temperatura della strana febbre che sta investendo il mondo degli adulti. In questo film la sua scomparsa viene celebrata come un miraggio di rigenerazione; l'adulterazione dell'adulto consisterebbe nella sua regressione a una immaturità testarda, al recupero (impossibile) del tempo passato, a un rifiuto di assumere quella responsabilità illimitata che la sua funzione comporta. La trama è, insieme, disarmante ed eloquente: una ex scrittrice divorziata, senza tener conto in nessun modo della irreversibilità del tempo, ritorna nel suo paesino del Minnesota per riconquistare il suo fidanzatino del liceo che nel frattempo si è sposato e ha un figlio.

Cosa sta accadendo? Se un adulto è qualcuno che prova ad assumersi le conseguenze dei suoi atti e delle sue parole – è una definizione di "adulto" che mi sento di proporre al di là di una sua semplice discriminazione anagrafica –, non possiamo che constatare un forte declino della sua presenza nella nostra società. Pensiamo a tutti coloro che, investiti di incarichi istituzionali, perseguono accanitamente i loro interessi personali anziché servire quelli comuni. A quelle figure di *puer* che ci hanno governato e che hanno condizionato l'immaginario collettivo offrendosi come modelli di un godimento libero, emancipato dalla castrazione, non frenato dalla Legge della parola. Ma anche al comandante Schettino, che per non rinunciare all'esibizione della sua sciagurata potenza fallica, come se fosse in un videogame, mette a repentaglio la vita di migliaia di persone. Oppure a quei genitori che anziché sostenersi tra loro nel compito educativo lo disertano bellamente mostrandosi sempre pronti a difendere le ragioni inconsistenti dei loro figli di fronte agli insegnanti o di fronte alle prime difficoltà che la vita impone.

Gli adulti sembrano essersi persi nello stesso mare in cui si perdono i loro figli, senza più alcuna distinzione generazionale; rincorrono facili amicizie sui vari social network, si vestono allo stesso modo dei figli, giocano coi loro giochi, parlano lo stesso linguaggio, hanno gli stessi ideali. Questo nuovo ritratto dell'adulto esalta il mito immortale di Peter Pan, il mito della giovinezza perenne, la retorica di un culto dell'immaturità che propone una felicità spensierata e priva di ogni responsabilità.[11] È una cifra del nostro tempo: "Mio padre," mi confidava desolata una ragazza figlia di genitori separati, "non fa altro che correre dietro alle mie amiche e poi chiede di potersi confidare con me!". Insomma, non è che i veri bamboccioni siano gli adulti di oggi più che i loro figli? In questo senso il dialogo di Schettino con il capitano Gregorio De Falco ha assunto

[11] Cfr. F. Cataluccio, *Immaturità. La malattia del nostro tempo,* Einaudi, Torino 2004.

il valore di un vero e proprio paradigma; non racconta solo uno scontro drammatico tra due uomini in una situazione di grande tensione e pericolo, ma ci segnala una *divaricazione interna alla generazione degli adulti* tra coloro che assumono – o provano ad assumere – il peso dei loro atti e coloro che invece vogliono continuare a giocare con la vita come se fosse una PlayStation. Gli esempi potrebbero evidentemente moltiplicarsi ma essi convergono tutti a sottolineare un fatto: *la solitudine delle nuove generazioni* – che definisce la posizione di Telemaco in attesa del ritorno del padre – deriva innanzitutto dalla difficoltà che gli adulti hanno nel sostenere quella responsabilità illimitata che il loro ruolo educativo comporta.

Trasgressione o appello alla Legge?

Esiste un modello moralistico e classicamente edipico che definisce il rapporto tra il desiderio e la Legge. È quello che accoppia la Legge alla sua trasgressione. È quello che vede da una parte il desiderio e la sua spinta strutturalmente perversa e polimorfa e dall'altra l'autorità morale e rigidamente repressiva della Legge. Si tratta di una versione della Legge che ha al suo centro l'antagonismo col desiderio. Si tratta, bisogna aggiungere, di una versione solo fantasmatica e patologica (nevrotica) della Legge. In questo modello la Legge fonda la possibilità della trasgressione nella misura in cui traccia un campo, definisce il limite normativo che il desiderio tende a oltrepassare trasgressivamente. In questo caso è la Legge che fa il peccato, secondo una celebre formula di Paolo di Tarso ripresa più volte da Lacan. Il nostro tempo ci obbliga però ad aggiornare questo modello edipico del rapporto tra Legge e desiderio.

Un paziente cinquantenne mi raccontava del brivido che lo pervadeva quando da ragazzo s'infilava nella biblioteca del paese e trafugava libri che non poteva permettersi di comprare. Nella ripetizione compulsiva dell'atto del rubare non era in primo piano l'oggetto-libro, ma il rapporto del soggetto con la Legge e la "strana" eccitazione che accompagnava l'atto trasgressivo del furto. Questa eccitazione segnalava il superamento di un confine, scaturiva dalla sensazione di aggirare la Legge. In questo caso la trasgressione implicava necessariamente l'esistenza della Legge, la sua presenza solida perché senza questa presenza non vi sarebbe stata eccitazione alcuna in quanto sarebbe venuto meno il senso stesso della trasgressione.

Una giovane paziente bulimica mi raccontava della sua tendenza irresistibile a rubare nei supermercati. Si trattava di un vero e proprio impulso cleptomanico (talvolta accompagnato da forme di amnesia che non le facevano ricordare di aver rubato) che non riusciva a governare. Anche questi furti – come quelli del paziente cinquantenne – non ruotano attorno agli oggetti rubati di cui il soggetto si disfa subito con indifferenza. Ma in questo caso essi non avvengono nemmeno per ripetere il brivido della trasgressione, per sfidare o per raggirare la Legge. Questi furti non ruotano attorno alla Legge. L'illegalità di questo comportamento risponde a una ragione che ribalta la dinamica edipica della trasgressione per la quale l'oggetto più desiderato è quello massimamente proibito; è l'oggetto colpito dall'interdizione simbolica della Legge della castrazione. Quale nuovo insegnamento possiamo trarre dalla cleptomania di questa giovane paziente? Ella insiste nell'andare al di là della Legge, insiste nel ripetete un atto fuori Legge, ma *solo per essere vista, per essere riconosciuta, per fare esistere l'Altro della Legge*. Non per frodare la Legge godendo del brivido perverso del sottrarsi al suo sguardo, ma paradossalmente, proprio per *dare un corpo alla Legge*. Qualcuno si accorge di me? Esiste una Legge che può ancora aiutarmi a non perdermi, a non smarrirmi? Esiste un Altro in grado di fermarmi, di fare esistere un limite al godimento mortale? La disperata cleptomania di questa ragazza mostra che chi è stato davvero derubato è il soggetto stesso. Nella sua vita non ha mai incontrato nei genitori – troppo preoccupati di coltivare le loro diverse relazioni sentimentali per occuparsi di lei – un "No!" che fosse davvero un "No!", cioè una interdizione simbolica come dono della Legge della parola, come dono che umanizza la vita. Ma non ha nemmeno trovato nei genitori una parola che la riguardasse davvero, dunque, innanzitutto, un ascolto della sua parola. "Non conto nulla per loro," ripeteva tristemente monotona. Nel suo passaggio all'atto del furto *non c'è godimento della trasgressione, ma invocazione della Legge, invocazione dell'Altro della parola*. Perché mi avete abbandonato? Perché non mi vedete? Perché non vi accorgete che esisto?

Questa giovane non sta semplicemente frodando la Legge o godendo del brivido per la sua trasgressione. In un modo paradossale sta facendo proprio il contrario: sta cercando di essere vista, di essere notata dalla Legge, di *fare esistere una Legge*. Esiste da qualche parte una Legge, o, più semplicemente, un adulto che possa rispondermi, che possa accorgersi della mia esistenza?

La domanda di questa ragazza è la domanda di molti nostri giovani ed è una domanda che insiste e che ci mette con le spalle al muro: esistete ancora? Esistono ancora degli adulti? Esiste ancora qualcuno che sappia assumersi responsabilmente il peso della propria parola e dei propri atti? Nella cleptomania di questa ragazza possiamo cogliere tutta la cifra del disagio contemporaneo della giovinezza. Al centro non è più il conflitto edipico tra le generazioni, il conflitto tra la Legge e la sua sovversione trasgressiva, ma la solitudine di una generazione che si sente lasciata cadere, abbandonata, che cerca il confronto con il mondo degli adulti ma non lo trova, che fa fatica a trovare degli adulti coi quali misurare il proprio progetto di mondo. La grande crisi attuale dell'economia capitalista e il rischio reale di un immiserimento materiale e mentale di noi tutti amplifica e rende questo dato ancora più decisivo. Quale mondo stiamo consegnando in eredità alle nuove generazioni? Cosa possiamo fare per ridare speranza a un Telemaco affranto? Come possiamo mostrare alla giovane cleptomane che esiste una Legge affidabile, uno sguardo capace di vedere e di riconoscere la sua esistenza? Non è questo che può salvare dalla solitudine e dall'abbandono? Non è questo che anima la speranza di Telemaco? La ragazza bulimica che ruba nei supermercati non ha lo stesso nome di Telemaco? C'è qualcuno in grado di leggere nella sua trasgressione l'insistenza di una domanda simbolica di riconoscimento? Non è questo, in fondo, che ci chiedono i nostri figli? Se il luogo dell'adulto resta vuoto, disertato, ripudiato, sarà difficile per le nuove generazioni sentirsi riconosciute, sarà difficile potersi sentire davvero figli. Figli di chi? Di quale genitore, di quale adulto? Di quale testimonianza di vita?

Ripetiamolo: l'adulto non è tenuto a incarnare nessun modello di perfezione, nessun ideale normativo. Anzi, lo abbiamo già detto, tra i suoi esemplari peggiori dobbiamo proprio catalogare quelli che si offrono come modelli ideali agli occhi dei giovani. Se un genitore non mostra il suo rapporto con l'impossibile, con la sua castrazione, come potrà trasmetterne il senso ai suoi figli? Se un adulto misconosce nei suoi atti il senso simbolico della Legge della parola, come farà a rendere credibile ai suoi figli questo senso? È il caso del padre di una ragazza gravemente anoressica. Frequentemente si faceva trovare da sua figlia, nel bel mezzo del pomeriggio, nudo di fronte al televisore mentre guardava film porno. Ciò che colpisce in questa scena è la totale assenza di veli con la quale il padre esibisce il suo godimento. Bisogna anche in questo caso essere chiari: non è il godimento in sé del padre a essere nocivo per la figlia, ma è la sua manifestazione priva di schermi che costringe la figlia a introdurre la Legge della castrazione attraverso l'anoressia, la quale impone al padre stesso un'attenzione diversa al corpo di sua figlia. In questo caso l'intervento preliminare alla cura è stato quello di esigere dal padre il rispetto della Legge della parola che impone al godimento sessuale di un adulto di non implicare incestuosamente quello dei figli. In questo modo l'analista prova a reintrodurre un rispetto per la Legge che questo padre mostrava di non avere. La sua operazione apparentemente prescrittiva ("eviti di mostrarsi nudo a sua figlia mentre guarda film porno!") ha come finalità quella di sottomettere il godimento paterno a una Legge che lo trascende. Come può questo padre esigere che la figlia sia operosa e attiva a scuola e che abbia un rapporto positivo col proprio corpo se egli dà di sé l'immagine di un corpo che gode senza filtri simbolici (nudo in pieno giorno) di fronte allo sguardo attonito della figlia? Tra l'altro, in questo caso, lo scatenamento dell'anoressia avvenne dopo una prova di danza dove la figlia restò paralizzata di fronte allo sguardo paterno, trovandosi inconsciamente a occupare la stessa posizione delle donne nei film porno che il padre utilizzava per la sua eccitazione masturbatoria.

A un adulto non si deve chiedere di rappresentare l'ideale di una vita cosiddetta morale, né, tantomeno, di una vita compiuta, ma di *dare peso alla propria parola*, il che significa innanzitutto provare ad *assumere tutte le conseguenze dei suoi atti*. Un adulto non è tenuto a incarnare nessun ideale di perfezione, ma è tenuto a dare peso simbolico alla propria parola. E questo significa mostrarsi ai propri figli come dipendente a sua volta da una Legge – la Legge della parola – che lo sovrasta.

Un nuovo disagio della giovinezza

Una volta gli psicoanalisti consideravano la crisi dell'adolescenza come una manifestazione psichica della tempesta puberale che trasformava il corpo infantile in quello di un giovane uomo o di una giovane donna. Era il risveglio di primavera: come abitare un nuovo corpo che non è più il corpo di un bambino, ma che manifesta con forza nuove esigenze e nuovi desideri?

Oggi la forbice evolutiva distanzia sempre più pubertà e adolescenza: l'età puberale sembra imporre una nuova precocità – bambine e bambini di dieci, undici anni si comportano come veri e propri adolescenti – mentre, al contrario, l'adolescenza si è prolungata ben al di là della pubertà e sembra non finire mai. Questa sfasatura evolutiva è a sua volta l'indice di un'altra e più profonda contraddizione che rende per certi versi insostenibile la condizione dei nostri giovani. Da una parte essi si trovano gettati, con grande anticipo sulla loro età mentale, in un mondo ricchissimo di informazioni, saperi, sensazioni, opportunità di incontro, ma, dall'altra, sono lasciati soli dagli adulti nel loro percorso di formazione.

Nessuna epoca come la nostra ha conosciuto una libertà individuale e di massa come quella che sperimentano i nostri giovani. Tuttavia a questa nuova libertà non corrisponde nessuna promessa sull'avvenire. La vecchia generazione ha disertato il suo ruolo educativo consegnando, di conseguenza, ai nostri figli una libertà fatalmente mutilata. L'offerta incalzante di nuove sensazioni si è moltiplicata quasi a riparare l'assenza drammatica di prospettive nella vita. Ecco disegnato un aspetto importante del nuovo disagio della giovinezza: per un verso i nostri figli sono esposti a un bombardamento continuo di stimolazioni e la loro libertà appare illimitata mentre, per un altro verso, gli adulti evadono il compito educativo che la differenza generazionale impone simbolicamente loro e la cui funzione sarebbe oggi, se possibile, ancora più preziosa che nel passato, quando l'educazione veniva garantita dalla forza del grande Altro della tradizione. Ricordo un mio vecchio maestro elementare che aveva l'abitudine di riproporre in modo assillante una metafora educativa tristemente nota: "Siete come viti che crescono storte, curve, arrotolate su se stesse. Ci vuole un palo e filo di ferro per legare la vite e farvi crescere diritti. Io sarò per voi questo palo e questo filo di ferro!". In un passato che ha preceduto la contestazione del '68 il compito dell'educazione veniva interpretato come una soppressione delle storture, delle anomalie, dei difetti di cui invece è fatta la singolarità della vita. Oggi però questa metafora botanica, tremendamente repressiva, non orienta più – meno male – il discorso educativo. Oggi non esistono più – meno male – pali diritti e fili di ferro coi quali correggere le storture delle viti. Il problema è diventato piuttosto quello dell'assenza di cura che gli adulti manifestano verso le nuove generazioni. In gioco è lo sfaldamento di ogni discorso educativo che l'ideologia iperedonista ha ritenuto necessario liquidare troppo rapidamente come discorso repressivo. È, se si vuole, il rovescio della prospettiva di Foucault: l'Altro del controllo si è indebolito sino a dissolversi e a gettare le nuove generazioni in un mondo senza Legge.[12] Non che gli adulti, in generale, non siano preoccupati per il futuro dei loro figli, ma questa preoccupazione non coincide affatto col prendersi cura di loro. I genitori di oggi sono, infatti, assai preoccupati, ma questa preoccupazione non è spesso in grado di offrire sostegno alla formazione dei loro figli. Il nostro tempo è marcato da una profonda alterazione dei processi di filiazione simbolica delle generazioni. Per un verso, come in una sorta di Edipo rovesciato, sono i padri che ucci-

[12] Cfr. G. Bottiroli, *Non sorvegliati e impuniti. Sulla funzione sociale dell'indisciplina*, in AA.VV., *Forme contemporanee del totalitarismo*, a cura di M. Recalcati, Bollati Boringhieri, Torino 2007, pp. 118-140.

dono i loro figli, non lasciano il posto, non sanno tramontare, non sanno delegare, non concedono occasioni, non hanno cura dell'avvenire; per l'altro i padri non vogliono smettere di fare i figli, non vogliono perdere nulla, non assumono le conseguenze simboliche della loro parola.

La vita dei nostri figli è aperta a un sapere senza veli, non solo quello traumatico riferito dalla ragazzina anoressica a proposito della nudità di suo padre, ma anche quello relativo al mondo degli adulti, una volta impermeabile a ogni domanda, mentre oggi ridotto a una sorta di infelice gruviera: i figli sanno tutto dei loro genitori anche quello che sarebbe meglio non sapessero. L'alterazione del rapporto tra le generazioni passa anche da qui; i figli hanno accesso senza mediazioni culturali a un sapere senza confini, raggiungibile senza sforzi (com'è quello della Rete), allo stesso modo in cui diventano i confidenti dei genitori e delle loro pene. Anziché appoggiare la loro vita su quella dei propri genitori, seguono per lo più attoniti le vite da adolescenti di chi dovrebbe prendersi cura di loro. Una pesante responsabilità di scelta li attende non essendo più la loro vita vincolata ai binari immutabili della tradizione e della trasmissione familiare. È, come direbbe Bauman, la condizione liquida delle nuove generazioni. Sempre meno esse si trovano a proseguire sulle orme dei loro familiari e sempre più si trovano – nel bene e nel male – obbligate a inventare un loro percorso originale di crescita. I nostri figli sono nel tempo di una libertà di massa nella quale l'isolamento cresce esponenzialmente insieme al conformismo. La loro responsabilità cresce precocemente, ma sempre più raramente possono incontrare negli adulti incarnazioni credibili di cosa significa essere responsabili. La politica, per esempio, non dovrebbe essere un punto di riferimento culturale "alto" al quale i giovani possano guardare con fiducia? Ma non è proprio il luogo della politica – per Aristotele la più alta e nobile delle arti, quella capace di ricomporre le differenze particolari per il bene comune della *polis* – a essersi trasformato in un party adolescenziale forsennato?[13]

L'iperedonismo contemporaneo ha scomunicato il compito educativo degli adulti come una cosa per moralisti. Di conseguenza, la libertà ora significa fare quello che si vuole senza vincoli, né debiti. Ma intanto il debito cresce e ha sommerso le nostre vite e l'assenza di senso della Legge ha spento la potenza generativa del desiderio. La libertà non genera alcuna soddisfazione ma si associa sempre più alla depressione. È qualcosa che incontriamo sempre più frequentemente nei giovani di oggi. Ma come? Hanno tutte le possibilità, più di qualunque generazione precedente e sono depressi? Come si spiega? Si spiega col fatto che la loro libertà è in realtà una prigione perché è un circo del godimento senza possibilità di avvenire, di lavoro, di realizzazione. Cresciamo i nostri figli nella dispersione ludica mentre la storia li investe di una responsabilità enorme: come far esistere ancora un avvenire possibile?

Il trauma dell'inesistenza del rapporto sessuale

Quando ascoltiamo i fallimenti delle iniziazioni amorose degli adolescenti e il tormento che provocano

[13] L'uso senza riguardi del denaro pubblico da parte dei nostri politici, persino per le spese personali più risibili ed effimere – finalmente indagato e perseguito dalla Legge –, non ricorda forse la superficialità di certi adolescenti che sperperano il denaro guadagnato dai genitori senza mostrare alcun senso di colpa e col sentimento che tutto sia loro dovuto? Paradosso ancora più eloquente quando sono proprio i figli adolescenti in quanto tali – *in quanto figli adolescenti* – e non per meriti personali, a essere stati investiti di incarichi istituzionali (è, com'è noto, il caso del figlio di Bossi detto – a proposito di alterazione dei processi di filiazione simbolica – "Trota"). Non è davvero un caso che la dimensione del senso di colpa e della vergogna, nel nostro tempo, sia praticamente scomparsa dalla scena politica e sociale.

in loro, il reale della non-esistenza del rapporto sessuale emerge con tutta la sua potenza traumatica.[14] Non che agli adulti questo incontro sia risparmiato. Anzi; i tradimenti, gli abbandoni, le agonie dei legami d'amore, le perdite, appaiono per l'umano traumatici perché manifestano il fondo irriducibile dell'inesistenza del rapporto sessuale. Negli adolescenti tutto questo appare amplificato perché l'adolescenza è l'età dove si incontra per la prima volta l'Altro sesso nella sua eterogeneità più inassimilabile. Il bambino poteva essere felice portando la maglietta dell'Inter di suo padre e la bambina poteva soddisfarsi nel giocare a vestire le sue bambole degli stessi abiti di sua madre. Il tempo dell'infanzia è il tempo sigillato dall'identificazione idealizzante ai propri genitori. È con la tempesta puberale che questo idillio si interrompe. Con quale maglietta mi presenterò al mio primo appuntamento con la mia compagna di banco? Quale abito indosserò per incontrarlo al mio primo invito a cena? Non serviranno, evidentemente, né le magliette dell'Inter, né i vestiti di Barbie. Saremo soli e senza scuse di fronte all'incontro entusiasmante e angosciante con l'Altro sesso. Ma questa solitudine – che deriva dall'inesistenza di un manuale di istruzioni che, per l'umano, non può essere quello dell'istinto naturale, essendo noi tutti sottomessi alla Legge della parola che snatura quell'istinto – è destinata a essere raddoppiata dalla dissimmetria che caratterizza l'incontro tra i sessi. Ogni ideale di fusione, di identificazione speculare, di immedesimazione – che spesso dà forma all'innamoramento adolescenziale – è destinato a rompersi contro lo spigolo duro dell'inesistenza del rapporto sessuale. È un fatto di struttura: Achille non raggiungerà mai la tarta-

[14] La tesi dell'inesistenza del rapporto sessuale è una tesi cardine di Lacan. Per una esplicazione più ampia di questo aforisma – la cui complessità non può essere ridotta – e per inquadrare più rigorosamente tutti i temi qui discussi, rinvio al mio *Jacques Lacan*, cit., pp. 467-549.

ruga, il godimento dell'Uno non sarà mai anche godimento dell'Altro. L'incontro tra i sessi resta esposto a una dissimmetria incurabile: non posso mai raggiungere l'Altro come Altro, non posso rendere simile a me ciò che si differenzia da me. Non posso cancellare la differenza tra i sessi. Per quanti rapporti sessuali io potrò avere il mio corpo godrà solo di se stesso, godrà solo del suo organo; non potrà mai assorbire il corpo dell'Altro.

La domanda d'amore femminile si nutre di parole, di lettere, di poesia, di mancanza. Essa getta nell'impotenza il fallo come strumento di godimento perché esso non potrà mai offrirle il segno dell'amore. La tartaruga guarda al di là della virilità di Achille, vuole altro, ricerca il punto di mancanza nell'Altro. Achille non potrà mai farla sua; il femminile implica l'eterogeneità, la differenza, l'impossibilità di riportare l'Altro all'Uno. Un buco traumatico si crea così al posto della relazione sessuale. Il maschio dovrà verificare che nessun rapporto sessuale potrà mai abolire l'alterità del corpo femminile, mentre la femmina dovrà verificare che il fallo non può rispondere all'infinito della sua domanda d'amore.

Il risveglio di primavera dell'adolescenza comporta l'erotizzazione dell'Altro sesso ma anche la tendenza, attraverso l'innamoramento, ad attenuarne la differenza, ad assimilarsi l'uno con l'altro, a fare coppia, a dare vita a un legame che cancelli la differenza, cioè il trauma dell'inesistenza del rapporto sessuale. Ma proprio laddove l'amore adolescenziale coltiva il sogno di una fusione senza resti tra l'Uno e l'Altro, l'incontro con l'inesistenza del rapporto sessuale costringe a un risveglio spesso traumatico. Per questa ragione le interruzioni di questo fantasma di unificazione sono vissute con sconcerto e dolore. Se l'inesistenza del rapporto sessuale non è un fatto storico ma accompagna la differenza tra i sessi, si può tuttavia dire che c'è stato un tempo in cui accorciare la distanza con l'Altro sesso appariva come una impresa difficile e in cui la costruzione del fantasma precedeva l'incontro effettivo con la sessualità e con l'Altro sesso. La sessualità era nutrita da un'attesa immaginaria che erotizzava l'incontro reale dei corpi. Attualmente, invece, la distanza tra i sessi appare ridotta. Non solo perché anche per le ragazze – come avviene per i ragazzi – separare la tenerezza e l'amore dal sesso e dal godimento pulsionale è una pratica diffusa, ma perché l'incontro con l'inesistenza del rapporto sessuale anziché alimentare le fantasie di unificazione e di legame totalizzante dell'innamoramento tendono piuttosto a produrre un vero e proprio esorcismo cinico nei confronti dell'amore, che viene ritratto come un inganno, un'illusione della quale disfarsi, come una maschera da fare cadere il prima possibile. Il sesso viene allora utilizzato come una droga, come un godimento legato a un oggetto (parziale) prelevato dal corpo dell'altro, come un puro anestetico per ridurre il dolore di esistere. Non è più la fantasia erotica, strutturata attraverso il fantasma inconscio, a orientare la pulsione ma è la pulsione che agisce senza filtri, de-erotizzata, come passaggio all'atto, semplice spinta a godere. Il corpo assume lo statuto di una merce fra le altre.[15] Ragazzi che hanno rapporti sessuali come se fosse un esercizio muscolare, ragazze che vendono il loro corpo per una ricarica del cellulare. La differenza tra i sessi sembra abolita, ma senza promettere alcuna emancipazione: una vita sessuale compulsiva, nel ragazzo come nella ragazza, serve a scongiurare l'incontro d'amore con l'Altro sesso, e allontanare lo spettro traumatico dell'inesistenza reale del rapporto sessuale. Nel nostro tempo questo tende a staccare i giovani dal mito dell'amore e a concentrarli

[15] Il cinismo di questo nuovo mondo è stato descritto recentemente con lucida spietatezza da Walter Siti in *Resistere non serve a niente*, Rizzoli, Milano 2012. Questo romanzo può essere letto anche come una riflessione più generale sul tema del corpo pulsionale nell'epoca dell'estinzione nichilistica e neocapitalista dell'ideale dell'amore.

sul carattere acefalo della pulsione: il partner umano – l'Altro sesso – lascia così il posto a partner inumani – droga, alcol, computer, immagine del proprio corpo, cibo ecc. – che consentono alla pulsione di soddisfarsi senza passare dall'aleatorietà dell'incontro con il partner umano.

L'adolescente può reagire all'incontro con l'inesistenza del rapporto sessuale negando il rilievo della realtà sessuale (intellettualismo, ascetismo, conformismo), oppure lasciandosi trascinare, trasportare nel vortice caotico di una pulsione senza desiderio e senza erotismo. Da questo punto di vista ascetismo e consumo sregolato sono i due modi prevalenti del Super-io adolescenziale. In entrambe queste versioni ciò che si vuole aggirare è il trauma del non-rapporto. La difficoltà a soggettivare l'incontro con l'inesistenza del rapporto sessuale può rovesciarsi nel rifiuto di stare nel legame affettivo ed erotico con l'Altro poiché ogni forma di legame appare minacciata da questa inesistenza. Il ricorso compulsivo al sesso sganciato dall'amore o ad altre esperienze di godimento pulsionale, che escludono la presenza dell'Altro, mira ad aggirare l'incontro traumatico e angosciante con l'inesistenza del rapporto sessuale. Anche i fantasmi di gelosia, così frequenti e intensi in certi adolescenti, possono manifestare la ferita della dissimmetria tra i sessi e perseguire l'obiettivo di ridurre l'oggetto a una proprietà esclusiva del soggetto. Come se per ripararsi dal trauma dell'inesistenza del rapporto sessuale fosse necessario incentivare in tutti i modi possibili un godimento capace di scartare l'incontro con l'Altro sesso; godimento traumatico della droga, del cibo, dell'alcol, della violenza, dell'abuso sessuale ecc. Nella sessuazione maschile questo rifiuto angosciato del trauma dell'inesistenza del rapporto sessuale può comportare anche il passaggio all'atto femminicida.

La Legge della parola, che è la Legge della Cultura, costituisce sempre un argine rispetto all'esercizio della violenza. Il gerarca nazista Goebbels, ogniqualvolta sentiva pronunciare la parola "cultura", mostrava una pulsione irresistibile a mettere mano alla pistola. Quella sulle donne è una forma particolarmente odiosa e insopportabile di violenza perché distrugge la parola come condizione fondamentale del rapporto tra i sessi. Notiamo una cosa: gli stupri, le sevizie, i femminicidi, i maltrattamenti di ogni genere che molte donne subiscono, aboliscono la Legge della parola, si consumano nel silenzio acefalo e brutale della spinta della pulsione o nell'umiliazione dell'insulto e dell'aggressione verbale. La Legge della parola come Legge che unisce gli umani in un riconoscimento reciproco viene infranta. La Legge della parola, come abbiamo visto, afferma che l'umanizzazione della vita implica l'esperienza del limite e dell'alterità. Quando questo limite viene valicato c'è distruzione, odio, rabbia, dissipazione, annientamento di sé e dell'altro. Per questo la condizione che rende possibile l'amore – come forma pienamente umana del legame – è, come teorizzava Winnicott, la capacità di restare soli, la capacità di accettare il proprio limite. Quando un giovane o un uomo anziché interrogarsi sul fallimento della propria vita amorosa, anziché elaborare il lutto per ciò che ha perduto, anziché misurarsi con la propria responsabilità e con la propria solitudine, perseguita, colpisce, minaccia o ammazza la ragazza o la donna che l'ha abbandonato, mostra che per lui il legame non era affatto fondato sulla solitudine reciproca, ma agiva come una protezione fobica rispetto all'angoscia della solitudine. Sappiamo che molti giovani che commettono il reato di stupro provengono da famiglie dove al posto della Legge della parola funziona una sorta di Legge immaginaria del clan, una simbiosi tra i suoi membri che identifica paranoicamente l'esterno come luogo di minaccia permanente.[16] Il passaggio all'atto violento che conclude tragicamente una relazione mostra che quell'unione affettiva non era fatta da due solitudini, ma si fondava sul rifiuto angosciato della solitudine, sul rifiuto rabbioso nei confronti del limite, del trauma dell'inesistenza del rapporto sessuale; non sulla Legge della parola ma sulla sua negazione. Rivendicare un diritto di proprietà assoluto – di vita e di morte – sul proprio partner non è mai una manifestazione dell'amore ma, come ricordava Adriano Sofri, la sua "profanazione".[17] In questa rivendicazione il narcisismo estremo si mescola con un profondo sentimento depressivo: non sopporto di non essere più tutto per te e dunque ti uccido perché non voglio riconoscere che in realtà non sono niente senza di te. Uccidersi dopo aver ucciso tutti: il mondo finisce con la mia vita (narcisismo), ma solo perché senza la tua io non sono più niente (depressione).

Nulla come la violenza sessuale calpesta odiosamente la Legge della parola. Perché la sessualità umana dovrebbe essere passione erotica per l'incontro con l'Altro, mentre trasformandosi in pura sopraffazione pulsionale dell'Altro disumanizza il corpo della donna riducendolo a puro strumento per il proprio godimento. Il consenso dell'incontro viene rotto da un vandalismo osceno. L'erotismo del corpo disertato, annientato. Non bisogna però limitarsi a condannare la bestialità di questa violenza. Non c'è, infatti, femminicidio nel mondo animale. C'è qui qualcosa di più scabroso che tocca l'essere umano come tale e, in particolare, la struttura del fantasma sessuale maschile. Una donna per un uomo non è

[16] Cfr. M. Grimoldi, *Adolescenze estreme. I perché dei ragazzi che uccidono*, Feltrinelli, Milano 2006.

[17] A. Sofri, *La Spoon River delle donne*, in "la Repubblica", 3 maggio 2012.

solo l'incarnazione del limite, ma è anche l'incarnazione di tutto ciò che non si può mai disciplinare, sottomettere, possedere integralmente, di cui la gelosia può dare, negli uomini, solo una vaga percezione. Per questo Lacan distingueva nettamente i modi del godimento sessuale maschile e femminile (Achille e la tartaruga). Mentre il primo è centrato sull'avere, sulla misura, sul controllo, sul principio di prestazione, sull'appropriazione dell'oggetto, sulla sua moltiplicazione seriale, sull'"idiozia del fallo", quello femminile appare senza misura, irriducibile a un organo, molteplice, invisibile, infinito, non sottomesso all'ingombro fallico. In questo senso il godimento femminile sarebbe radicalmente "etero"; sarebbe un godimento che sfugge per principio ai miraggi della padronanza fallica. Tra di loro gli uomini esorcizzano l'incontro con questo godimento "infinito", Altro da quello fallico, dichiarando le donne "tutte puttane". È un fatto, ma è solo un modo fobicamente difensivo per proteggersi da ciò che non intendono e non riescono a governare. Lo dicevano a loro modo anche Adorno e Horkheimer quando in *Dialettica dell'Illuminismo* assimilavano la donna all'ebreo: figure che non si possono ordinare secondo la legge fallica di una uniformazione rigida perché non hanno confini, non obbediscono al principio di identità, perché sono sempre altre da se stesse, radicalmente, davvero *eteros*.[18] È di fronte alla vertigine di un godimento che non conosce padroni, com'è quello del corpo femminile, che non a caso Lacan definiva come *Altro godimento*, come un godimento anarchico, nomadico, eccentrico, non tutto sottomesso alla Legge della castrazione, che scatta la violenza maschile come tentativo folle e patologico di colonizzare un territorio che non ha confini. È chiaro per lo psicoanalista che questa violenza – anche

[18] T.W. Adorno e M. Horkheimer, *Dialettica dell'Illuminismo*, Einaudi, Torino 1976, pp. 181-221.

quando viene esercitata da uomini socialmente ritenuti "potenti" – non esprime solo l'arroganza del potere e dei forti nei confronti dei deboli, ma è generata da una angoscia profonda, da un vero e proprio terrore verso ciò che non si può governare, verso quel limite insuperabile che sempre una donna rappresenta per un uomo. Questa è del resto la bellezza e la gioia dell'amore, quando c'è: non l'unificazione reciproca, non il rispecchiamento della propria potenza attraverso l'altro, non la confusione dell'uno nell'altro. Per un uomo amare una donna è davvero un'impresa contro la sua natura fallica, è potersi gettare nel vuoto a corpo perduto, è amare l'*eteros*, l'Altro come totalmente Altro, è poter amare la Legge della parola. Per questa ragione Lacan riteneva che l'amore, come tale, come amore dell'altro, dell'*eteros*, è sempre amore per una donna.[19]

L'oggetto tecnologico e la depressione giovanile

La depressione dovrebbe accompagnare la vita che appassisce, la vita che perde vita, la vita che invecchia, la vita che si avvicina alla morte. La clinica psicoanalitica insegna che non è proprio così. Oggi la depressione investe sempre più il mondo giovanile nella forma di un'abulia diffusa, di una mancanza di slancio, di una caduta tendenziale del desiderio. Non è vero che i giovani non abbiano passioni, slanci, progetti, ma è vero che è cambiata l'espressione del loro disagio. Mentre nell'epoca edipica esso assumeva le forme della trasgressione aperta della Legge, della contestazione rivoltosa, del rifiuto antisociale, oggi assume quella di uno spegnimento disvitale della vita.

[19] Cfr. J. Lacan, *Lo stordito*, in "Scilicet", n. 4, Feltrinelli, Milano 1977, p. 366.

Se l'adolescenza è la spinta ad avere un desiderio proprio, a non accomodarlo più sulla domanda e sulla soddisfazione del desiderio dell'Altro – come accade nel tempo dell'infanzia –, il nostro tempo è caratterizzato dall'ingombro massivo dell'oggetto che occlude l'apertura del desiderio. Se il desiderio è trascendenza dell'oggetto, è apertura erotica all'Altro, il nostro tempo spegne questa spinta incoraggiando il godimento mortale dell'oggetto. Mentre l'adolescenza edipica era marcata dal fantasma inconscio che evidenziava la centralità della pulsione scopica (l'accesso alla sessualità, per esempio, avveniva attraverso il filtro del fantasma inconscio), attualmente in primo piano è l'avidità della pulsione orale: il corpo dell'Altro viene consumato senza il filtro del fantasma che struttura il desiderio; c'è, di conseguenza, uso del sesso ma senza alcun erotismo.

La depressione giovanile segnala la subordinazione della forza del desiderio e del suo risveglio alla presenza dell'oggetto inumano. Il corpo pulsionale, che dovrebbe essere espressione di una nuova forza (pubertà), appare come spento. L'esperienza depressiva è, infatti, esperienza dell'esistenza come puro peso: glaciazione, passivizzazione, riduzione del soggetto a oggetto. Nella depressione giovanile qualcosa si oppone allo scorrere della vita, qualcosa si ritira di fronte al mare aperto della vita, qualcosa si rattrista. Prendiamo l'esempio delle dipendenze dagli oggetti tecnologici che oggi sembrano sommergere il mondo giovanile. È un fatto: la connessione alla Rete può non potenziare ma supplire la connessione alla vita. Certo, talvolta può ampliare la connessione alla vita, ma può anche provocarne una sconnessione. L'inconscio stesso, che in realtà si nutre del desiderio dell'Altro, finisce per essere rimpiazzato dall'oggetto tecnologico. La virtualità del legame sostituisce l'impatto erotico con il corpo dell'Altro. È la falsa promessa dell'oggetto tecnologico. Di quale natura è, invece, l'oggetto freudiano? Se prendiamo l'esempio del rocchetto del piccolo Ernst, questo oggetto appare come il prodotto di un'assenza.[20] L'oggetto freudiano avviene sempre sullo sfondo di un vuoto. Perché è solo su un tale sfondo che diventa possibile il gioco del desiderio. L'oggetto tecnologico appare invece come una superficie fagica che inghiotte il soggetto. Se l'oggetto freudiano è fatto dal simbolo, se è una organizzazione del vuoto, se circoscrive il vuoto, l'oggetto tecnologico svolge una funzione antidepressiva, medicinale, perché tende a occludere, a riempire il vuoto. E tuttavia per poter giocare il gioco del desiderio bisogna essere separati dalla Cosa, bisogna produrre il vuoto. Il gioco del desiderio può avvenire solamente sullo sfondo di una sublimazione della perdita. La Rete è fatta di vuoto? Per un verso essa è apertura, possibilità, mondo. Per un altro verso essa rischia di divenire un sostituto del mondo.[21] Può diventare una connessione perpetua che genera sconnessione dall'Altro e isolamento, può costituire una versione ipermoderna dell'inconscio. Si tratta di un sapere articolato e senza limiti a disposizione del soggetto e alternativo a quello del corpo. Un sapere che allontana dall'incontro erotico con l'Altro: i contatti sembrano moltiplicarsi, ma in realtà restano tutti virtuali. Allo stesso modo il sapere tecnologico che i nostri giovani immagazzinano avidamente resta nettamente separato dalla verità, cioè scisso dall'esperienza della Legge del desiderio.

[20] Il piccolo Ernst, lasciato solo da sua madre, allestisce, proprio a partire dall'assenza materna, un gioco che consiste nel lanciare un rocchetto avvolto in un filo lontano dalla sua vista (*Fort*) per poi farlo riapparire (*Da*). In questo gioco il bimbo ripete l'esperienza della separazione dalla madre in una simbolizzazione ludica. Il rocchetto è, dunque, un oggetto elevato alla dignità del simbolo sullo sfondo dell'assenza della madre. Cfr. S. Freud, *Al di là del principio del piacere*, in *Opere*, a cura di C.L. Musatti, Bollati Boringhieri, Torino 1989, vol. IX, pp. 200-203.

[21] Cfr. M. Giorgetti Fumel, *Legami virtuali. Internet: dipendenza o soluzione?*, Di Girolamo, Trapani 2010 e AA.VV., *Abitanti della rete. Giovani, relazioni e affetti nell'epoca digitale*, a cura di C. Giaccardi, Vita e Pensiero, Milano 2010.

Il caso di un ragazzo che ho avuto in cura appare emblematico. Si tratta di un soggetto che è stato sequestrato da una madre psicotica e gravemente depressa negli anni della sua infanzia. Solo il padre riusciva a portarlo con sé educandolo alla disciplina e allo sforzo del lavoro contadino, mostrandogli l'esistenza di un altro mondo rispetto a quello materno. Ma quando si trovava solo con la madre, il ragazzo si sentiva sprofondare come in un vortice fusionale. Si sentiva elevato alla dignità di un oggetto idolo, di un puro feticcio. La depressione materna gli dava la forte impressione di essere il solo "salvavita" di sua madre. Questa percezione rafforzava simbioticamente il loro rapporto: dormiva con lei che lo addormentava canticchiando e accucciandosi vicino a lui. Giocavano scambiandosi il muco e la saliva. I loro corpi apparivano fusi, liquidi, mescolati l'uno nell'altro. Restavano abbracciati nel lettone matrimoniale da dove il padre era stato sempre sloggiato. Salvato dalla psicosi dalla presenza di un padre capace di trasmettere la positività del lavoro e dell'investimento libidico della vita, la giovinezza di questo ragazzo è il momento in cui si sviluppa un sintomo particolare. Non riesce a superare l'esame per la patente. Si fa venire a prendere in auto dalle sue prime ragazze. Si fa, come dice lui stesso, "portare sempre dall'Altro". Il suo primo amore è per una ragazza alla quale si dedica totalmente riproducendo la stessa simbiosi che aveva caratterizzato il rapporto con la madre, che nel frattempo era morta. Questo primo amore dura diversi anni, e quando finisce il ragazzo cade in una profonda depressione, si isola, si sente perduto. Vive dedicandosi integralmente all'oggetto tecnologico (il computer) che diventa il suo solo partner. Rimane per ore davanti allo schermo acceso del suo pc. Questa connessione continua appare in realtà come una forma di sconnessione dal mondo. L'oggetto non è fatto dal simbolo – come accade per l'oggetto freudiano – ma impedisce la simbolizzazione del lutto rieditando la morbosità incestuosa della presenza senza interruzioni e discontinuità della madre.

L'incontro con l'analista è l'evento che lo riconnette al desiderio dell'Altro. Per questa via incontrerà – lavorando in seduta sul legame linguistico particolare con la voce materna – la poesia. Il suo interesse si calamiterà allora verso un poeta dialettale che forgia forme linguistiche dove in primo piano è una lingua intrisa di corpo e affettività. Questa lingua assomiglia alla lallazione infantile; *lalingua* del poeta rimanda a *lalingua* materna. Adesso l'oggetto può tornare sul suo sfondo di assenza diventando oggetto di una nuova sublimazione. L'oggetto sempre presente, come prolungamento della presenza fagica della madre, si dirada nel ritmo delle parole e del loro fascino musicale.

Questa breve sequenza clinica ci mostra come la sola connessione che conta, la sola che inonda e muove la vita, è quella dell'incontro col desiderio dell'Altro. In un altro caso clinico raccontato dal mio collega Aldo Becce il protagonista è un ragazzo che vive da qualche mese nell'isolamento della sua camera.[22] In famiglia non c'è trasmissione del desiderio: il ragazzo definisce il padre "un ectoplasma" e la madre una "presenza assente". Per lui l'attrazione per i videogiochi prende il posto del buco lasciato nella filiazione simbolica. La prima mossa dell'analista nella cura consiste nel chiedere al ragazzo di poter giocare insieme al video del suo pc. In questo modo il ragazzo sperimenta che c'è qualcun altro che può vincere oltre lui. Non è condannato a vincere da solo perché vincere sempre, vincere da solo, è in realtà un modo di perdere, in quanto rende semplicemente impossibile il gioco stesso del desiderio. Non si può giocare davvero a nessun gioco se si sa in anticipo di vincere sempre. È il tema del sogno didattico di un mio pazien-

[22] A. Becce, intervento al convegno "Le nuove tecnologie; possibilità di comunicazione e rischio di isolamento sociale", Bologna, 19 marzo 2011.

te ossessivo che si trova dilaniato tra due donne: l'amore ideale della sua giovinezza e una donna adulta che attende un figlio da lui. Il sogno è il seguente: il paziente sta giocando a poker con altri suoi amici. Ogni volta si trova nelle mani quattro assi vincenti. Nessuno vuole più giocare con lui. Si rivolge allora a un casinò ma anche in quel caso continua a vincere e questo gli impedisce di giocare perché anche lì nessuno vuole più giocare con lui. L'ineluttabilità della vittoria gli impedisce di trovare altri giocatori disposti a confrontarsi con lui. Quello che il sogno mette in evidenza è che l'impossibilità di perdere – dunque il rifiuto narcisistico della castrazione simbolica – produce una perdita assai più catastrofica di quella che avrebbe sperimentato smettendo di vincere sempre, ossia la perdita della possibilità stessa di partecipare al gioco della vita, al gioco del desiderio.

Ma ritorniamo al paziente di Aldo Becce. L'intervento dell'analista ha introdotto *la relazione* del rapporto autistico del ragazzo con l'oggetto tecnologico. In questo modo il godimento senza Altro garantito dall'oggetto è costretto a interrompersi e grazie a questa interruzione il ragazzo proverà a utilizzarlo in modi nuovi, per esempio per "messaggiare" con altri. Dopo l'ingresso del Terzo sulla scena lo stesso oggetto che prima lo imprigionava può diventare uno strumento per contrastare il suo isolamento sociale. Da gioco autistico, grazie alla possibilità aperta dal giocare insieme all'analista, dal giocare con l'Altro, la Rete diventa un ponte per collegarsi con il mondo. Si tratta di brevi scansioni della cura che permettono di realizzare una nuova trasmissione; lo stesso oggetto può apparire diverso; *si tratta di un oggetto che tura un vuoto o di un oggetto che stabilisce una connessione con l'Altro attraverso il vuoto?* La tecnologia della Rete può certamente isolare dall'Altro, ma può anche permettere di stabilire contatti e forme di connessione nuove con l'Altro. In questo caso l'operazione dell'analista è stata finalizzata a socializzare l'oggetto tecnologico, a renderlo una versione dell'Altro, rompendo la chiusura narcisistica del soggetto e rendendo possibile una trasmissione simbolica del desiderio.

Questo caso ci insegna come il collegamento e lo scollegamento perpetui facciano parte di una stessa posizione patologica. Senza alternanza di connessione e sconnessione non c'è soggetto. Il diritto alla sconnessione ha la stessa dignità di quello alla connessione. In questo caso è stato l'intervento del Terzo – sullo sfondo di un padre reale ectoplasmatico – a modificare il quadro e a permettere attraverso il transfert di animare un soggetto che sembrava morto. Questa animazione avviene per il tramite di una nuova versione dell'oggetto. Il soggetto si stacca dall'oggetto per inventarne nuovi usi grazie alla connessione al desiderio dell'Altro. È, infatti, questo collegamento – quello al desiderio dell'Altro –, ciò che rende virtuosi tutti gli altri. Nondimeno la possibilità del gioco implica la produzione di un vuoto, dunque una sconnessione dalla presenza continua dell'oggetto. È quello che il nostro tempo sembra negare: la pausa, il silenzio, la sospensione del tempo, il diritto a essere sconnessi. Il ragazzo accede a un nuovo uso dell'oggetto tecnologico solo quando permette all'Altro (all'analista) di inserirsi tra sé e l'oggetto medesimo producendo una separazione del soggetto dall'oggetto. Si sconnette dall'oggetto grazie all'Altro e per questo può riconnettersi in una forma più soddisfacente.

Evaporazione e invenzione

Nel tempo dell'evaporazione del padre non c'è solo la spinta del godimento mortale, ma anche una maggiore possibilità di invenzione: il vuoto del padre non è solo abisso senza fondo, ma anche apertura di nuove possibilità, non contiene solo il rischio della spinta compulsiva al godimento mortale, ma anche la possibilità di percorsi non più vincolati al peso normativo della tradizione. Anche per questa ragione non bisogna avere nostalgia del padre-padrone, del padre-totem, del padre-papa, del padre-eroe che ha l'ultima parola sul senso del bene e del male. L'evaporazione può aprire potenzialmente all'invenzione. Se c'è evaporazione del padre c'è, come direbbe Lacan, "scelta forzata" per l'invenzione. Possiamo prendere come esemplari per chiarire questa nuova condizione le riflessioni che Freud dedica alla giovinezza di Leonardo da Vinci. Sappiamo come Freud insista nel ricordare che Leonardo non fu inizialmente riconosciuto da suo padre e fu allevato da due donne; dalla madre e dalla nonna materna. Di qui la tesi maggiore di Freud che sembra contrastare con il valore strutturante che egli riconosce al complesso di Edipo: lo straordinario impulso creativo e di ricerca di Leonardo non sarebbe stato possibile se egli non avesse appreso a "rinunciare a suo padre". Questa tesi apre a una visione dell'eredità che trascende il legame di sangue. Leonardo è misconosciuto dal padre reale, ma è in grado di trasformare questa assenza di eredità in una nuova possibilità. Egli è, come mostra l'etimologia del termine erede, orfano del padre e, proprio per questo, erede. L'assenza del padre sembra alleggerire la vita, come se all'attesa del padre si sostituisse la ricerca scientifica come possibilità di ritrovare nella Natura e nelle sue Leggi la dimensione simbolica della Legge della parola.

Scrive Freud:

> Mentre nella maggior parte delle creature umane – ancor oggi come in epoche remote – il bisogno di appoggiarsi a qualche autorità è così imperioso che ai loro occhi il mondo vacilla se questa autorità è minacciata, Leonardo riuscì con le sue forze a fare a meno di questi puntelli; non vi sarebbe riuscito se nei

primi anni della sua vita non avesse imparato a rinunciare al padre.[23]

Nel tempo dell'evaporazione del padre siamo tutti obbligati a essere un po' come Leonardo. Sarebbe interessante chiedersi quale sia il rapporto tra il figlio-Telemaco e il figlio-Leonardo. Se, come vedremo meglio nel prossimo capitolo, la condizione dell'erede è etimologicamente quella dell'orfano, del mancante, del deserto, siamo tutti eredi senza regno, eredi che devono, come accade a Leonardo, rinunciare al padre. Freud conduce questa rinuncia verso una nuova responsabilità del soggetto. L'evaporazione del padre può diventare una condizione per l'invenzione se però la *rinuncia al padre* diventa cosa ben diversa dal *rifiuto del padre*. L'erede è colui che non viene meno alla sua responsabilità e al suo rapporto con l'Altro. Freud ne schizza un ritratto quando, seguendo Schopenhauer e gli insegnamenti dei suoi pazienti, introduce la pulsione di morte – ovvero la tendenza degli umani a godere al di là di ogni limite, a godere sino alla morte della vita. Diversamente da Schopenhauer egli non sceglie però la via dell'ascesi, non propone di abbandonare il mondo, non propone come rimedio a questa pulsione la nirvanizzazione della vita. Piuttosto introduce il tema della responsabilità. Ma cosa significa porsi il problema della responsabilità a partire dal male della pulsione di morte? Cosa significa porsi il problema della responsabilità non a partire dall'Io, come la psicoanalisi post-freudiana ha fatto, ma a partire dall'Es, a partire dal soggetto dell'inconscio? Non è forse questo un problema che incontriamo nel disagio della giovinezza contemporaneo? Come posso essere libero senza distruggermi e senza diventare pazzo? Come posso realizzare un godimento che potenzi la vita e non

[23] S. Freud, *Un ricordo d'infanzia di Leonardo da Vinci*, in *Opere*, cit., vol. VI, p. 262.

la dissipi? Come posso associare il desiderio al godimento senza perdermi nella "notte dei Proci"? Lacan, sulle tracce di Freud, mostra che il tempo del desiderio è *sempre* un tempo che implica il rischio di perdersi, di smarrirsi, di disadattarsi rispetto a una amministrazione regolare, conformista, ordinaria, della propria vita. In ogni esperienza di desiderio, infatti, c'è qualcosa che rifiuta l'adattamento al principio di realtà. Ma qual è la fragile frontiera che separa lo spendersi per il proprio desiderio e il perdersi, il gettarsi via, il consumarsi? Non è forse questo il confine che ciascuno deve attraversare quando assume la responsabilità illimitata e insostituibile del suo desiderio? Non esiste, infatti, un limite stabilito dall'Altro che definisce sino a dove sia "giusto" spingersi nella realizzazione del proprio desiderio. Possiamo solo evocare e abitare questo confine incerto che separa il godimento dei Proci e quello capace di generare soddisfazione, che distingue il godimento mortale dal plusgodere che deriva dallo spendersi per il proprio desiderio.

Una volta Freud ha situato in modo inaudito la responsabilità in rapporto all'inconscio quando si è chiesto se noi siamo responsabili dei nostri sogni.[24] Cosa significa assumersi la responsabilità di qualcosa che ci trascende? Cosa significa, come accade a Leonardo, apprendere a rinunciare al padre non pur essendo creativo, ma per essere creativo? È lo stesso problema che Freud affronta in *Psicologia del ginnasiale* quando afferma che il problema della formazione dei giovani può essere riassunto nel compito di realizzare un "distacco dal padre".[25] Ma non è questo distacco il compito più alto, e più pericoloso, dell'ereditare? C'è giusta eredità solo se si riconosce la nostra provenienza dall'Altro, il debito

[24] Cfr. S. Freud, *Alcune aggiunte d'insieme all'Interpretazione dei sogni*, in *Opere*, cit., vol. X, pp. 158-159.

[25] Cfr. S. Freud, *Psicologia del ginnasiale*, in *Opere*, cit., vol. VII, p. 480.

simbolico che ci lega alla comunità dei parlanti e dei mortali. La sola condizione per realizzare questo distacco è essere inscritti nella Legge del padre come Legge della parola: la separazione, la discontinuità, l'erranza ha come suo presupposto l'esperienza fondativa dell'appartenenza sebbene sia il "distacco dal padre" la più autentica posta in gioco di ogni eredità. Ulisse ritorna ma solo per lasciare andare, per consentire la separazione, per avviare il lutto più radicale della sua persona. Ora siamo pronti per convocare la figura di Telemaco come quella del "giusto erede".

3.
Da Edipo a Telemaco

Quattro figure di figlio

In questo capitolo esamineremo quattro figure di figli: il figlio-Edipo, il figlio-Anti-Edipo, il figlio-Narciso e il figlio-Telemaco. I primi due sono stati già protagonisti affermati del teatro freudiano. Essi sono assunti come due figure esemplari di figli. Il primo di un'epoca che giunge sino alla fine degli anni settanta accompagnando l'onda lunga della grande contestazione del '68. Il secondo è una sottofigura del primo. Il figlio-Anti-Edipo non vorrebbe essere in conflitto col padre perché vorrebbe essere senza padre, radicalmente orfano. Ma gli sfugge che il giusto erede può essere solo un orfano. La sua volontà di autoaffermazione lo vorrebbe libero da ogni legame con l'Altro, ma tale volontà finisce per inneggiare a un godimento incestuoso che sfocia in una spinta alla morte.

Il figlio-Narciso sintetizza invece il periodo del cosiddetto riflusso che caratterizza gli ultimi decenni sino alla grande crisi economica che ha travolto l'Occidente. Questa crisi, unita a una serie di trasformazioni che hanno investito profondamente la nostra vita collettiva, impone l'ingresso sulla scena di un nuovo protagonista: la figura del figlio-Telemaco. Con questa figura si vuole proporre un modo nuovo di leggere il rapporto attuale tra genitori e figli. Mentre col figlio-Edipo in primo piano è stato il conflitto tra le generazioni, la lotta, lo scontro fra due diverse concezioni del mondo, il rifiuto dell'eredità, il rifiuto dell'essere figli, col figlio-Narciso è divenuta centrale l'assimilazione indistinta dei genitori coi propri figli, la confusione tra le generazioni, l'assenza di conflitti e il culto di una felicità individuale senza legami con l'Altro. Il figlio-Telemaco è invece una nuova interpretazione del disagio attuale della giovinezza. Telemaco è il simbolo del "giusto erede": egli sa essere figlio e sa compiere il viaggio più pericoloso per essere un erede. Egli ci mostra come si può essere figli senza rinunciare al proprio desiderio.

Il figlio-Edipo

Il figlio-Edipo è un figlio che, nel mito raccontato da Sofocle, ha vissuto l'abbandono. L'oracolo avvisa il re Laio che questo figlio gli sarà ingrato e lo ucciderà. Per difendersi da questa profezia il re affida il bambino a un servo con l'incarico di porre fine alla sua vita. Mosso a compassione il servo verrà meno al suo compito e salverà la vita del bambino che crescendo nella totale ignoranza della sua provenienza si troverà, giovane e forte, coinvolto in un contenzioso a un crocevia. Al centro un diritto di precedenza: *chi passa per primo?* Il giovane sfida a duello e uccide il ricco signore che pretendeva gli venisse riconosciuto il diritto di precedenza, garantito dalla differenza generazionale, senza sapere che si trattava di suo padre. In seguito Edipo diventerà re di Tebe e sposo di Giocasta, moglie di Laio e sua madre, dalla quale avrà dei figli che saranno il frutto osceno dell'incesto. Tiresia, l'indovino, gli svelerà la verità recondita della sua storia. Sopraffatto dal dolore Edipo si caverà gli occhi e abbandonerà, esule, la sua terra.

Da questo mito Freud ha ricavato il complesso edipico come "complesso nucleare" delle nevrosi. Il desiderio di Edipo rivela il desiderio umano come animato da una tendenza incestuosa. Cosa significa? Perché, anche secondo Lacan, questa sarebbe la parola decisiva, la più radicale, di Freud sulla natura del desiderio umano? Il desiderio non è solo domanda di presenza dell'Altro, appello, invocazione dell'Altro che salva dal buio della notte, ma è anche furia di possedere tutto, di avere tutto, di sapere tutto, di essere tutto. Furia incestuosa, spinta a negare l'esistenza del limite, a rifiutare l'impossibile che la Legge della parola inscrive nel cuore dell'umano. Eppure è solo grazie a questa Legge che la vita può umanizzarsi e trascendere il mondo chiuso dell'animale. La Legge della parola non è solo quella che impone alla vita di costituirsi attraverso il suo appello all'Altro, attraverso la domanda d'amore che apre ed espone l'Uno all'Altro, ma è anche quella Legge simbolica della castrazione che impone alla vita la perdita della Cosa materna. È ciò che Edipo rigetta infilandosi nel tunnel di un godimento rovinoso. Per questa ragione parricidio e incesto sono la raffigurazione "criminale" del suo desiderio che si struttura come un "complesso" solo in quanto – come Freud ci mostra – implica una triangolazione fondamentale che è quella che lo espone all'impatto traumatico con la Legge come luogo Terzo rispetto alla coppia perversa madre-bambino. L'oggetto del desiderio (il corpo della madre) appare interdetto simbolicamente. Il destino tragico di Edipo è che egli può raggiungere il senso della Legge della castrazione solo *dopo* aver commesso i suoi crimini. Di qui il suo essere nella colpa che lo conduce al gesto drammatico dell'auto-accecamento e, successivamente, a quello dell'esilio.

C'è stato un tempo in cui il conflitto tra genitori e figli poteva essere letto attraverso il paradigma di Edipo. Il figlio-Edipo è quello che sfida le vecchie generazioni in una lotta a morte per l'affermazione del suo desiderio. Al centro del complesso edipico è il conflitto tra la Legge e il desiderio, tra la realtà e il sogno, tra il vecchio e il nuovo. Il tempo del figlio-Edipo è stato il tempo tragico del conflitto tra le generazioni: i figli contro i padri e i padri contro i figli. Il diritto di precedenza rivendicato dalla vecchia generazione non viene riconosciuto dalla nuova ingrata. I figli covano un desiderio di morte verso i propri padri. Edipo è l'eroe del destino e il padre solo un'ostruzione repressiva della sua fame di libertà. Il figlio-Edipo sperimenta il padre come ostacolo alla realizzazione del suo soddisfacimento. La Legge del padre si erge come una barriera insopportabile nei confronti del suo desiderio. Il figlio-Edipo sperimenta la Legge come antagonista irriducibile della dimensione anarchica della pulsione. In questo senso la sua figura ha ispirato le grandi contestazioni del 1968 e del 1977: i figli che contro i padri reclamavano la possibilità di un mondo diverso e i padri che reagivano negando i diritti dei loro figli.

Esiste una dimensione strutturale e sovrastorica del complesso edipico che non si vuole mettere in discussione. La tendenza incestuosa del desiderio inconscio e il conflitto tra le generazioni – tra l'ordine stabilito e la trascendenza del desiderio – definiscono per la psicoanalisi la vita umana come tale. Non è questo il punto che voglio sottolineare. Si tratta, piuttosto, di mostrare che nel nostro tempo il paradigma del figlio-Edipo è divenuto insufficiente per intendere il rapporto tra genitori e figli. Uno dei problemi attuali che investono questo rapporto è infatti il venir meno della dimensione del conflitto e dell'asperità che vi è necessariamente implicata. Al posto di questo conflitto abbiamo una confusione della differenza generazionale e, di conseguenza, un'alterazione profonda del processo di filiazione simbolica. Qual è allora il punto? È che il vero crimine del figlio-Edipo non è quello del conflitto con le vecchie generazioni – perché in questo conflitto necessario egli può trovare una sua collocazione simbolica nella catena generazionale –, ma il voler rinnegare la sua provenienza, il voler estirpare da se stesso ogni traccia dell'Altro. Diciamolo più chiaramente: *Edipo non sa essere figlio*. Egli vorrebbe negare ogni forma di dipendenza e di debito simbolico nei confronti dell'Altro. Vorrebbe negare il proprio statuto di figlio come l'Altro ha, nel mito, negato la sua responsabilità di padre. Per questa ragione Freud assume il complesso edipico come paradigma della nevrosi. Il nevrotico è colui che si lamenta di essere senza eredità, di non aver ricevuto nulla; è colui che rimprovera incessantemente l'Altro di non avergli dato quello che gli spettava, quello che sarebbe stato suo diritto avere, senza però, allo stesso tempo, essere in grado di ricevere davvero qualcosa dall'Altro, senza sopportare di essere in debito con l'Altro, senza riuscire ad accettare la sua condizione di figlio. Per ereditare dall'Altro bisogna infatti riconoscersi come mancanti, orfani, privi di consistenza propria. Il nevrotico coltiva così il sogno di una sua autonomia totale dall'Altro, sebbene tutto ciò che fa sia uno sforzo per fare esistere l'Altro al fine di evadere la responsabilità etica che lo investe come soggetto; il nevrotico odia il padre-padrone ma non ne può fare a meno perché senza questo padre – senza l'odio cieco verso questo padre – la sua vita sarebbe minacciata dal non-senso.

L'errore di Edipo non è la rivendicazione del sogno come diritto, ma quello di aver frainteso la Legge vivendola solo come un ostacolo nel cammino che conduce alla realizzazione del proprio desiderio. Questo comporta la riduzione della sua libertà a una pura opposizione nei confronti della Legge che finisce per nutrire il mito del desiderio come liberazione da ogni limite. In questo senso Edipo porta già paradossalmente con sé il germe dell'Anti-Edipo. Il figlio-Anti-Edipo vorrebbe fuggire dalla Legge, fare a meno della Legge, rendere la Legge della parola una cosa del passato, vorrebbe liberarsi di concetti come "limite", "castrazione", "Nome del Padre". Come il figlio-Edipo egli vive la Legge solo come un incubo repressivo. In questo senso l'Anti-Edipo abita il cuore di Edipo che non vede chi è, che non sa essere figlio, che non riesce ad assumere né la sua provenienza, né la verità del suo desiderio inconscio. L'errore maggiore di Edipo – che solo alla fine della tragedia potrà davvero assumere su di sé – è quello di essere stato contro la Legge della parola fraintendendone il senso. È quello di aver vissuto la Legge come puro inganno.

Il figlio-Anti-Edipo

Cosa significa affermare che il figlio-Edipo porta in sé il germe del figlio-Anti-Edipo? Il riferimento esplicito è a quella cultura antiedipica che si è sviluppata negli anni settanta a partire dall'uscita di un libro che fece epoca: *L'Anti-Edipo* di Deleuze e Guattari (1972). Si tratta della più potente critica alla pratica e alla teoria della psicoanalisi mossa da "sinistra". Oggi, come sappiamo, imperversa la critica conservatrice, di "destra": contro la psicoanalisi vengono invocati la psicologia scientifica, il potere chimico dello psicofarmaco, l'autorità esclusiva della psichiatria nel trattamento del disagio mentale. Invece gli autori dell'*Anti-Edipo* (un filosofo già molto noto e un brillante psichiatra analizzante di Lacan con il quale ruppe bruscamente) non rimproverano affatto alla psicoanalisi di non essere sufficientemente scientifica nelle sue affermazioni teoriche e nella sua pratica clinica, ma qualcosa di assai più radicale. Le rimproverano di essere al servizio del potere e dell'ordine stabilito. La loro accusa è che la psicoanalisi dopo aver scoperto il "desiderio inconscio" abbia volutamente ridotto la portata rivoluzionaria di questa scoperta mettendosi al servizio del padrone. Su cosa si reggerebbe il culto psicoanalitico dell'Edipo se non sull'obbedienza cieca alla Legge repressiva e mortificante del padre?[1] Questo libro ha mobilitato alla rivolta un'intera generazione, la mia, quella del '77. Esso muove una critica politica alla psicoanalisi che non promuove tanto una improbabile teoria alternativa a quella psicoanalitica (la cosiddetta "schizoanalisi"), ma una vera e propria teoria della rivoluzione dove "tutto è possibile". A questa idea si sono abbeverati con entusiasmo molti giovani della mia generazione, tra i quali il sottoscritto.

Foucault aveva dichiarato che il nostro secolo sarebbe stato deleuziano. Aveva ragione, ma in un senso probabilmente molto diverso da quello che si auspicava. Il deleuzismo è sfuggito dalle mani di Deleuze (come spesso accade per tutti gli "ismi"). *L'Anti-Edipo* ha dato involontariamente la stura a un elogio incondizionato del carattere rivoluzionario del desiderio *contro* la Legge che ha finito paradossalmente per colludere con l'orgia dissipativa che ha caratterizzato i flussi – non delle macchine desideranti come auspicavano Deleuze e Guattari – ma di denaro e di godimento che hanno alimentato il meccanismo impazzito del discorso del capitalista nell'epoca della sua globalizzazione finanziaria. Lacan aveva provato a segnalare ai due questo pericolo. In un'intervista rilasciata a "Rinascita" nel maggio del 1977 a chi

[1] Nonostante la violenza spietata degli autori dell'*Anti-Edipo*, gli psicoanalisti dovrebbero leggere e rileggere ancora oggi la loro opera come un grande vento di primavera. Sotto la retorica rivoluzionaria della liberazione del corpo-schizo, fuori-Legge, del "corpo senza organi" come pura macchina desiderante, come fabbrica produttiva del godimento pulsionale, questo libro contiene una serie di critiche alla psicoanalisi che non si possono troppo facilmente accantonare: quella all'uso paranoico e violento dell'interpretazione (se un paziente dice X vuole dire Y), quella all'inconscio come teatrino familiaristico, chiuso su se stesso, che perderebbe di vista il suo carattere sociale e i suoi infiniti concatenamenti collettivi, quella all'apologia conformista e moralista del principio di realtà e dell'adattamento come fine ultimo della pratica analitica, quella all'uso tutto politico del denaro che seleziona i pazienti in base al loro reddito, quella alla valorizzazione dell'Io e del suo principio di prestazione. E la lista potrebbe utilmente e facilmente allungarsi.

gli chiedeva un parere sull'*Anti-Edipo* rispose che "L'Edipo costituisce di per se stesso un tale problema per me che non penso che ciò che Deleuze e Guattari hanno voluto intitolare *L'Anti-Edipo* possa avere il minimo interesse". Lacan avverte che non bisogna premere il grilletto troppo rapidamente sul padre. La contrapposizione rivoluzionaria tra le macchine desideranti e la Legge, tra la spinta impersonale e de-territorializzante della potenza del desiderio e la tendenza conservatrice alla territorializzazione rigida del potere e delle sue istituzioni (Chiesa, Esercito, Famiglia, Psicoanalisi...), rischiava di dissolvere il senso etico della responsabilità soggettiva. Per Deleuze e Guattari la parola "soggetto", come la parola "responsabilità", è, infatti, da mettere al bando, come, del resto, quelle di "Legge", "castrazione", "mancanza", "Nome del Padre". Il figlio-Anti-Edipo elogia a senso unico la forza acefala della pulsione che però lo fa scivolare fatalmente in una prospettiva di naturalizzazione vitalistica (e un po' fascista) dell'umano. Si prenda come esemplare la ripresa del concetto freudiano di Es. Per il figlio-Anti-Edipo l'Es è espressione della potenza anarchica del corpo che gode ovunque, al di là di ogni limite, al di là di ogni Legge: "L'Es funziona ovunque, ora senza sosta, ora discontinuo. Respira, scalda, mangia. Caca, fotte".[2] In questa prospettiva la Legge della castrazione opererebbe solo come uno schermo protettivo e inevitabilmente repressivo nei confronti di questa libera energia del corpo pulsionale. Diversamente la lettura lacaniana dell'Es freudiano preserva la centralità della categoria etica di responsabilità. L'Es è il luogo di una verità scabrosa – quella del mio desiderio inconscio – che spetta al soggetto assumere o meno. Non si tratta di liberare la potenza naturale e impersonale dell'Es, ma di tradurre questa potenza nella chiamata

[2] G. Deleuze e F. Guattari, *L'Anti-Edipo*, cit., p. 3.

che il desiderio inconscio rivolge al soggetto ponendolo di fronte al compito di avvenire là dove la sua vocazione, il suo voto (*Wunsch*), si manifesta. Mentre il figlio-Anti-Edipo caca e fotte ovunque, facendosi beffe della Legge della parola, Lacan insiste a chiedere al soggetto che cosa ne ha fatto della trascendenza del suo desiderio, a porre il soggetto come sempre responsabile della sua posizione.[3] Cosa ne hai fatto del tuo desiderio? Hai reso questa trascendenza fonte di soddisfazione, di realizzazione, di vita? Hai saputo farne qualcosa? Oppure hai evitato l'incontro con il reale di questa chiamata? Hai fatto finta di niente? Hai chiuso le tue orecchie? Hai indietreggiato rispetto a questo compito impossibile? Hai avuto paura? Hai voluto ignorare la chiamata inconscia del tuo desiderio scegliendo la via nevrotica della rimozione o la via psicotica della forclusione?[4]

Se la liberazione dei flussi del desiderio reagisce giustamente al culto rassegnato del principio di realtà al quale sembra votarsi la psicoanalisi, essa non sembra accorgersi di generare un nuovo mostro: il mito della schizofrenia come nome della vita che rigetta ogni forma di limite, della vita libera dal padre, libera dall'Altro. Il mito del "corpo-schizo" come corpo anarchico, a pezzi, pieno, "senza organi", costruito come una macchina pulsionale che gode ovunque, antagonista irriducibile alla gerarchia dell'Edipo, si è tradotto nei flussi della macchina cinica e perversa del discorso del capitalista.

Eppure a rileggerlo oggi *L'Anti-Edipo* di Deleuze e Guattari è anche molto più di questo. Non è solo la ce-

[3] "Della nostra posizione di soggetto siamo sempre responsabili", J. Lacan, *La scienza e la verità*, in *Scritti*, cit., p. 863.

[4] Su questi temi mi permetto di rinviare a M. Recalcati, *Elogio dell'inconscio. Dodici argomenti in difesa della psicoanalisi*, Bruno Mondadori, Milano 2009.

lebrazione di un desiderio che non riesce a fare i conti con la Legge della castrazione. C'è una linea più sottile che lo attraversa e che la mia generazione non è riuscita probabilmente a cogliere sino in fondo. È un grande tema, se non il tema centrale di questo libro. Deleuze e Guattari lo ripropongono attraverso le parole dello psicoanalista Reich – grande teorico della psicologia delle masse del fascismo e dell'analisi del carattere, prima di mettersi a delirare intorno alla teoria dell'energia orgonica: "Perché le masse hanno desiderato il fascismo?". Problema che ritroviamo intatto già in Spinoza: "Perché gli uomini combattono per la loro servitù come se si trattasse della loro libertà?".[5]

In *Millepiani* Deleuze e Guattari, quasi dieci anni dopo *L'Anti-Edipo*, devono ritornare sull'opposizione tra desiderio e Legge con una precisazione che avrebbe dovuto essere presa più sul serio. Attenzione ai micro-fascismi, ai micro-Edipi che s'insediano proprio là dove pensavamo ci fosse solo il flusso liberatorio del desiderio. "La madre," scrivono, "può credersi autorizzata a masturbare il figlio, il padre può diventare mamma."[6] Come suona anticipatrice dei nostri tempi questa autocritica dove la macchina desiderante si è trasformata nella macchina senza Legge, né rimozione, del discorso del capitalista! Come Nietzsche saggiamente avvertiva gli uomini che vivevano nell'annuncio liberatorio della "morte di Dio" del rischio che essi correvano di generare nuovi Idoli (lo scientismo, il fanatismo ideologico, l'ateismo stesso, ogni specie di fondamentalismo), allo stesso modo Deleuze e Guattari avvertono i loro "figli" che esiste un pericolo insidioso inscritto nella stessa teoria del desiderio come flusso infinito, come "linea di fuga" che oltrepassa costantemente il limite, come poten-

[5] G. Deleuze e F. Guattari, *L'Anti-Edipo*, cit., p. 395.
[6] G. Deleuze e F. Guattari, *Millepiani. Capitalismo e schizofrenia*, Castelvecchi, Roma 2006, p. 339.

za perennemente de-territorializzante. Attenzione, sembravano dirci, che questa linea "non si converta in distruzione, abolizione pura e semplice, passione d'abolizione". Attenzione che questa "linea di fuga" che rigetta il limite non diventi una "linea di Morte".[7]

Il figlio-Narciso

Nel tempo dominato dall'evaporazione del padre – nel tempo in cui il balcone di San Pietro è vuoto e la memoria del segretario del Partito comunista svanita (Nanni Moretti), nel tempo in cui gli Ideali sembrano essersi tutti smerdati (Pasolini) –, una falsa orizzontalità sembra aver sostituito la gerarchia rigida che aveva orientato la nostra vita collettiva. La specularità narcisistica ha preso gradualmente il posto della differenza generazionale e del conflitto che inevitabilmente la anima. I figli quello dei genitori. Non solo perché, come è stato giustamente notato, il bambino ha piegato l'ordine familiare alle sue esigenze narcisistiche; anziché adattarsi alle leggi simboliche e ai tempi della famiglia, l'idolo-bambino impone alla famiglia di modellarsi attorno alla legge arbitraria del suo capriccio. Ma soprattutto perché il nostro tempo, enfatizzando unilateralmente i diritti universali del bambino, finisce per considerare con sospetto ogni azione educativa che si assuma la responsabilità verticale della sua formazione. Come se ribadire la centralità di un'azione responsabilmente educativa significasse automaticamente recuperare un nostalgico modello disciplinare e autoritario dell'educazione anziché cogliere la necessità che il bambino esprime di essere aiutato a formarsi come soggetto, di poter diventare un soggetto grazie all'azione dell'Altro! Non è

[7] Ivi, p. 341.

per questa ragione che Françoise Dolto proponeva di sostituire il termine "educazione" con quello di "umanizzazione"?

Il tempo dell'evaporazione del padre è il tempo dell'evaporazione degli adulti. Il narcisismo dei figli dipende da quello dei genitori. Se un genitore assume la felicità spensierata dei suoi figli come parametro della sua azione educativa, lasciando da parte quello della trasmissione del desiderio e dell'impegno soggettivo che questa trasmissione comporta, la sua azione evapora fatalmente nel sostegno del capriccio dei propri figli. In questo modo egli è sollevato dall'angoscia di dover incarnare il limite, ma i suoi figli sono potenziati nel loro narcisismo insofferente a ogni esperienza del limite. Anche il "desiderio di avere un figlio" non è più necessariamente associato a quello di assumersi la responsabilità della sua formazione, cioè della sua adozione simbolica. Nel nostro tempo il narcisismo degli uomini e delle donne ricerca spesso l'esperienza reale della filiazione – diventare padri o madri – come un capriccio reso possibile dai progressi della scienza medica che permette di saltare artificialmente la contingenza dell'incontro sessuale e il trauma dell'inesistenza del rapporto sessuale, che, cioè, permette di fare tutto da soli senza passare dalla mediazione simbolica dell'Altro.

Se il compito di un genitore è quello di escludere dall'esperienza dei propri figli l'incontro con l'ostacolo, con l'inassimilabile, con l'ingiustizia, se la sua preoccupazione è relativa a come spianare il terreno da ogni sporgenza per evitare l'incontro col reale, l'adulto finisce per allevare un figlio-Narciso che resterà imprigionato in una versione solo speculare del mondo. In questo senso il passaggio dal figlio-Edipo al figlio-Narciso – al centro delle formulazioni sociologiche di Gilles Lipovetsky, riprese in ambito psicoanalitico da Pietropolli Charmet – non è solo un passaggio che libera il nuovo figlio dal tormento della colpa e del castigo che invece affliggevano il vecchio figlio-Edipo.[8] L'assenza del senso di colpa non è mai, in effetti, un buon indizio clinico in psicoanalisi.[9] Il punto vero è come non attribuire alla colpa un'interpretazione solo moralisticamente superegoica. Se la colpa – l'unica che merita, per Lacan, questo nome – è quella di cedere, di rinunciare, di abbandonare il proprio desiderio e la responsabilità che la sua assunzione singolare comporta, il figlio-Narciso che appare senza colpa non è perché ha realizzato la Legge del suo desiderio, ma perché questa Legge rischia di non iscriversi affatto nell'inconscio del soggetto. È perché, ancora più radicalmente, il soggetto appare senza desiderio. Non si tratta, dunque, a mio avviso, di enfatizzare troppo il passaggio da Edipo a Narciso come una liberazione dal senso di colpa, ma di cogliere, piuttosto, come in questo passaggio rischi di venire meno la forza generativa del desiderio che, seppure nella tragedia del conflitto mortale, continua a persistere nel figlio-Edipo nella forma della esigenza di sovvertire il principio di realtà rappresentato dall'autorità dei padri. In questo senso, come fanno notare giustamente anche Lipovetsky e Pietropolli Charmet, il mito dell'autogenerazione è il mito più proprio del figlio-Narciso.[10]

Il bozzolo che protegge il figlio-Narciso vorrebbe risparmiargli il dolore di esistere. Non va dimenticato che ogni azione educativa – anche quella più giusta e amorevole – non può mai pretendere di salvare la vita dei propri figli dall'incontro con il reale senza senso

[8] G. Lipovetsky, *L'ère du vide. Essai sur l'individualisme contemporain*, Gallimard, Paris 1983 e *Les temps hypermodernes*, Grasset & Fasquelle, Paris 2004; G. Pietropolli Charmet, *I nuovi adolescenti. Padri e madri di fronte a una sfida*, Raffaello Cortina, Milano 2000 e, soprattutto, *Fragile e spavaldo. Ritratto dell'adolescente di oggi*, Laterza, Bari 2008.

[9] Nella clinica psicoanalitica l'assenza del senso di colpa definisce in senso stretto la posizione del soggetto perverso. Cfr. J. Lacan, *Kant con Sade*, in *Scritti*, cit.

[10] G. Pietropolli, Charmet, *Fragile e spavaldo*, cit., p. 63.

dell'esistenza, dalla sua contingenza illimitata, dalla sua ingovernabilità assoluta. Cosa vuol dire? Vuol dire che possiamo arare il campo, gettarvi la semente più buona, riparare i primi germogli dalle asperità del tempo cattivo, curarne le malattie, non fare mancare il giusto apporto di luce e acqua, ma tutto questo, e altro ancora che potremmo fare, non potrà mai assicurarci la qualità del risultato che otterremo. Possiamo contribuire a preparare un campo fertile, ma nulla ci garantirà dell'effettiva realizzazione di questa fertilità. La vita è esposta senza protezione al rischio irreparabile della contingenza. Certo, sappiamo anche che la trasmissione del desiderio da una generazione all'altra, dai genitori ai propri figli, è la prevenzione più forte nei confronti della tendenza della vita a disperdersi nel godimento mortale, a svanire nella "notte dei Proci". Se v'è stata trasmissione efficace del desiderio, un soggetto potrà sempre rispondere alle sirene lugubri del godimento mortale e al loro richiamo ricorrendo al tesoro invisibile del proprio desiderio. Diversamente, quando il desiderio langue, quando la sua trasmissione non è stata efficace, quando è mancata la sua eredità, la vita più facilmente potrà restare abbagliata dal godimento mortale. Questa trasmissione – la trasmissione del desiderio da una generazione all'altra – resta sicuramente il compito educativo decisivo degli adulti. Ma il tempo del figlio-Narciso è il tempo, dicevamo, in cui gli adulti sono evaporati. L'evaporazione del padre comporta infatti l'evaporazione del peso simbolico della differenza generazionale, dunque della differenza tra genitori e figli e, in ultima istanza, dell'esistenza stessa degli adulti. Il figlio-Narciso non è allora solo il figlio autorizzato a coltivare il sogno della propria realizzazione e della propria felicità, ma è anche il figlio senza desiderio, plastificato, apatico, perso nel mondo fagico degli oggetti, insofferente a ogni frustrazione, è il piccolo re-vampiro insensibile alla fatica dell'Altro e al suo debito simbolico.[11] Si tratta di una fissazione al mito di Pan (che significa, non casualmente, "tutto") che esclude l'esperienza del limite e della mancanza. È il destino del figlio-Narciso; restare agganciato a un'immagine perennemente giovane di sé, sottratta al taglio simbolico della castrazione, eternamente vitale. Il rapporto con la propria immagine si prolunga specularmente in quello con gli oggetti. In questo rapporto non c'è soggetto. Esso appare come sommerso da un godimento senza tempo. La "notte dei Proci" non conosce intervallo, scansione, ritmo. È il godimento continuo di una moltitudine sparsa, di un branco informe senza soggetto e senza responsabilità; è il godimento inconcludente e privo di desiderio del vivacchiare, dello sprecare, del vivere senza desideri.

Il figlio-Telemaco

Nell'*Odissea* di Omero Telemaco è il figlio di Ulisse. Il padre è costretto ad abbandonarlo per partire per la guerra di Troia. Resterà lontano da casa vent'anni. Il mare e le sue insidie ostacolano il ritorno dell'eroe sull'isola di Itaca; Telemaco lo attende da sempre. La sua casa è invasa da giovani principi, i Proci, che saccheggiano le dispense, violano le serve, costringendo il padre di Ulisse, Laerte, a rifugiarsi in campagna, si comportano come padroni arroganti in una casa che non è la loro. La loro ambizione più grande è quella di sposare Penelope, la moglie di Ulisse. Telemaco è costretto ad assistere impotente allo scempio di un corteggiamento incestuoso. Ma la sua non è solo un'attesa impotente. Egli prova a prendere diverse iniziative per salvare la sua terra dalla violenza dei Proci; chiede aiuto all'assemblea

[11] Cfr. F. Stoppa, *La restituzione. Perché si è rotto il patto tra le generazioni*, Feltrinelli, Milano 2011, pp. 121-133; C. Ternynck, *L'uomo di sabbia. Individualismo e perdita di sé*, Vita e Pensiero, Milano 2012, pp. 53-73.

del popolo e intraprende un viaggio pericoloso (i Proci tramano per ucciderlo) alla ricerca di notizie sul padre. Finalmente, quando Ulisse potrà ritrovare la sua terra e incontrare Telemaco nell'umile casolare del porcaio Eumeo, il figlio non saprà riconoscere il padre che la dea Atena aveva sapientemente trasfigurato in un medicante perchè non venisse riconosciuto dai suoi nemici. Solo in un secondo tempo i due potranno finalmente abbracciarsi e compiere la loro implacabile giustizia sopprimendo uno a uno tutti i Proci.

L'attesa di Telemaco non è attesa di una Legge anonima, non è attesa dell'applicazione routinaria della Legge del Codice. Egli attende il ritorno di un padre. Il suo desiderio è desiderio del "ritorno del padre": "Se gli uomini potessero scegliere ogni cosa da soli, per prima cosa vorrei il ritorno del padre", afferma il figlio di Ulisse.[12]

Come figli siamo stati tutti Telemaco; abbiamo tutti aspettato un padre che doveva ritornare dal mare. Lo sguardo di Telemaco scruta l'orizzonte; è aperto sull'avvenire. La mia tesi è che il nostro tempo non sia più sotto il segno di Edipo, dell'Anti-Edipo e di Narciso, ma sotto quello di Telemaco. Telemaco domanda giustizia: nella sua terra non c'è più Legge, non c'è più rispetto, non c'è più ordine simbolico. Egli esige che si ristabilisca la Legge e che la "notte dei Proci" finisca. Telemaco, diversamente da Edipo che cade riverso accecato e da Narciso che ha occhi solo per la sua immagine, guarda il mare. I suoi occhi sono aperti sull'orizzonte e non estirpati, accecati dalla colpa per il proprio desiderio criminale, né sedotti mortalmente dal fascino della sua bellezza sterile. Telemaco, diversamente da Edipo, non vive il padre come un ostacolo, come il luogo di una Legge ostile alla pulsione, non sperimenta il conflitto con il padre. Egli, come vedremo in seguito, è il giusto erede. Attende il padre, atten-

[12] Omero, *Odissea*, cit., canto XVI, p. 249.

de la Legge del padre come ciò che potrà rimettere ordine nella sua casa usurpata, offesa, devastata dai Proci. Ricerca il padre come luogo di una possibile Legge giusta. Telemaco, diversamente da Edipo, si rivolge all'assenza del padre con la speranza di poterlo incontrare. Da una parte il figlio-Edipo e la lotta a morte con il padre, dall'altra il figlio-Telemaco che ricerca disperatamente un padre. È indubbio, almeno ai miei occhi, che le giovani generazioni di oggi assomiglino più a Telemaco che a Edipo. Esse domandano che qualcosa faccia da padre, che qualcosa torni dal mare, domandano una Legge che possa riportare un nuovo ordine e un nuovo orizzonte del mondo.

La clinica psicoanalitica mostra come l'assenza empirica, di fatto, del padre non sia mai in se stessa un trauma. La sua carenza diviene traumatica solo se implica una carenza simbolica. È una tesi classica di Lacan. Nessuno dei familiari di Ulisse impazzisce sull'isola di Itaca. L'assenza del padre non viene significata dalla parola di Penelope come un abbandono irresponsabile: Ulisse non ha abbandonato la sua famiglia, non ha abbandonato la sua gente. Di lui si dice che si sia perso nel mare. L'assenza paterna diviene traumatica, preciserebbe Lacan, se la parola della madre la interpretasse come segno di disinteresse, di rifiuto dell'adozione simbolica che la scelta della paternità impone. La parola della madre ha il potere di significare l'assenza del padre in modi totalmente diversi. Per questa ragione Lacan fonda il valore simbolico del Nome del Padre sulla parola della madre. Questa parola significherà l'assenza del padre come una negligenza colpevole o come una esigenza che consente alla famiglia di vivere. Non è l'assenza del padre a essere traumatica in se stessa; dipende da come essa viene trasmessa simbolicamente dalla parola della madre. Come Penelope trasmette il Nome del Padre? Ella trasmette a Telemaco che l'assenza di suo padre non è un capriccio, non è il frutto di un rifiuto della sua funzione paterna, non è il risultato di un egoismo cinico.

Con la sua attesa di Ulisse, Penelope trasmette a Telemaco che l'assenza del padre è gravida di senso umano. La sua veglia tiene vivo il Nome del Padre. Significando l'assenza di Ulisse come l'"assenza di una presenza" ella trasmette a Telemaco tutto il senso della sua eredità di figlio.[13]

L'assenza non significa in questo caso il trauma dell'abbandono, ma anima la necessità della veglia, dell'attesa e della preghiera. Non a caso Lacan fa di queste tre dimensioni dell'esperienza umana (l'attesa, la veglia e la preghiera) dei modelli per decifrare la figura del desiderio come desiderio dell'Altrove, come desiderio di Altra Cosa.[14] Il desiderio non può essere schiacciato sulla mera soddisfazione dei bisogni, ma si rivela diverso dalla brama bestiale proprio in quanto animato da una trascendenza che lo apre all'inedito, al non ancora conosciuto, al non ancora pensato, al non ancora visto. In questo senso esso porta con sé un'aspirazione che trascende la semplice presenza delle cose. Il desiderio di Telemaco non è solo desiderio nostalgico che il padre ritorni, ma che vi sia "padre", che possa esservi un senso umano e non animale della Legge, che possa esservi un Altrove, un'Altra Cosa rispetto al godimento incestuoso dei Proci e alla devastazione della sua casa. Il desiderio di Telemaco è desiderio di Altra Cosa. Non di un Altro mondo, di una realtà uto-

[13] Ulisse non è solo l'immagine della scaltrezza della ragione borghese come vogliono mostrare Adorno e Horkheimer in *Dialettica dell'Illuminismo*. Egli non si limita ad aggirare l'imposizione del sacrificio per raggiungere un godimento fuori Legge, ma è anche colui che sa rifiutare il godimento mortale per mantenere fede al suo desiderio (ritornare da Penelope) e alla sua promessa paterna (ritornare da Telemaco). Sappiamo come il mito racconti che Ulisse non aveva alcuna voglia di partire per la lunga guerra di Troia e che per convincerlo la testa del piccolo Telemaco venne messa sotto il vomere affilato dell'aratro. In quel momento egli non ebbe dubbi a sacrificare la sua vita e la sua libertà per la vita del figlio. Lo stesso accadrà nelle sue vicende per mare. Nessun incontro, nessun sortilegio lo distrarrà mai completamente dal compito del ritorno, dalla responsabilità illimitata verso la sua famiglia.

[14] Cfr. M. Recalcati, *Ritratti del desiderio*, cit., pp. 116-126.

pica che non esiste, di una città ideale impossibile da raggiungere. Telemaco esige giustizia "adesso"! La sua indignazione rifiuta l'esistente non in nome di un ideale impossibile da raggiungere ma nel Nome del Padre. Cosa significa? Egli difende la dignità particolare della sua famiglia, dei suoi cari, della sua terra, di sua madre, della sua città. Non si appella astrattamente al diritto dell'erede, al diritto universale del Regno. La sua indignazione è smossa dall'offesa che colpisce la gente che ama. Non invoca una Legge astratta, ma una giustizia che protegga la sua casa. Egli è alla ricerca del senso umano e non di quello giuridico della Legge. È alla ricerca del senso della Legge della parola. I Proci hanno calpestato questa Legge.

Nell'*Odissea* il mondo dell'adolescente è rappresentato, al tempo stesso, da Telemaco e dai Proci. Questi ultimi sono, infatti, coetanei di Telemaco, giovani principi come lo è lui stesso. Ma la loro giovinezza calpesta la Legge del padre, umilia la sua gente, dichiara Ulisse morto togliendogli in questo modo ogni forma di rispetto. La rottamazione del padre procede violentemente. Parricidio e incesto: calpestare il padre morto che non tornerà più, dissacrarne la memoria e possedere la sua sposa. C'è un crimine più grande di questo? I Proci sono una versione sadiana di Edipo. Rifiutano la Legge che interdice l'incesto e il rispetto della Legge paterna che lo rappresenta. Calpestano la Legge non scritta dell'ospitalità che nel mondo greco è l'incarnazione più profonda della Legge della parola.[15] Essi vogliono che la regina sposi uno di lo-

[15] "I Proci hanno rovesciato ogni Legge; anziché portare doni alla regina che corteggiavano, essi consumavano in gozzoviglie i beni di Odisseo. Essi erano colpevoli di prevaricazione, di *hýbris*: avevano varcato i limiti entro cui erano stati collocati dalla sorte e dalla vita. Avevano sconfinato. Avevano invaso la casa del re, ne sperperavano i beni, abusavano delle sue ancelle, ne insidiavano la moglie, attentavano alla vita di suo figlio, imponevano il loro volere all'aedo, sobillavano i servi, aggredivano ospiti e stranieri... Il poeta fa loro calpestare le leggi dell'ospitalità, che era un cardine della società greca. Essi offendono Zeus, l'ospitale." G.A. Privitera, *Il ritorno del guerriero*, cit., pp. 236-238.

ro per prendere il posto di Ulisse e impedire che Telemaco erediti il regno del padre. Non riconoscono la Legge che limita il godimento. *La morte di Ulisse è la morte della Legge* perché autorizza all'incesto e all'assassinio. Solo la dea Atena salva Telemaco dalla mano sanguinaria dei Proci che avevano ordito l'agguato mortale al suo rientro dal viaggio alla ricerca di notizie sulla sorte di suo padre.

La preghiera, l'attesa e la veglia di Telemaco – il suo sguardo aperto sul mare – invocano il padre non come ostacolo – come accade per Edipo – ma come possibilità di riportare la Legge della parola nella propria casa e nella propria città. Telemaco è nella posizione del *desiderantes* così come ci viene descritto da Giulio Cesare nel *De bello gallico*: è sopravvissuto al campo di battaglia, non è morto e attende coloro che ancora rischiano la vita sotto un cielo stellato senza però che nessuna stella possa garantire il ritorno dei propri compagni. La veglia è per Lacan, non casualmente, un nome del desiderio, una sua versione speciale, perché trascende sempre l'oggetto come semplice presenza.[16]

Mentre il disagio di Edipo scaturisce da una lotta a morte con il padre e il suo crimine consiste nel parricidio e nell'incesto e quello di Narciso si produce in uno specchio suicidario, per Telemaco il disagio è vivere in un mondo dove il senso umano della Legge della parola è oltraggiato, offeso, umiliato. Mentre nel caso di Edipo la Legge è un freno del desiderio e il padre interviene come un avversario incrociato casualmente sul proprio cammino, per Telemaco la Legge è ciò che può ricondurre il caos devastante del godimento mortale all'esperienza necessaria della castrazione e del desiderio. Nel primo caso il desiderio incestuoso entra in conflitto con la Legge, mentre nel secondo caso il desiderio invoca la Legge come una sua possibilità.

[16] Cfr. M. Recalcati, *Ritratti del desiderio*, cit., pp. 119-126.

Telemaco, diversamente da Edipo e Narciso che sono dei senza-nome, si nutre del Nome. Fa esistere, insieme a Penelope, il Nome del Padre. In questo egli è sulla stessa scia di Gesù. È il figlio che sa fare esistere il padre. È Cristo che salva Dio, afferma lapidariamente Lacan.[17] La fede di Dio si cementa, infatti, solo attorno al sacrificio del figlio. È la testimonianza del figlio (del Verbo che si fa carne per il *Vangelo* di Giovanni) che fonda l'esistenza del padre e dà corpo a quella di Dio. Lo stesso, se si vuole, accade nella grande sovversione teologica rappresentata da Cormac McCarthy in *La strada*. In quel caso è l'esistenza sopravvivente di un bambino, in un mondo devastato dalla violenza e dall'orrore, in un mondo senza Dio, senza Nome del Padre, che rende ancora possibile l'esistenza di Dio, che rende ancora possibile un avvenire a Dio. L'amore di un padre per il figlio, essendo più grande di quello per Dio, non solo non si dà qui come peccato – secondo Agostino il peccato è amare più la creatura del Creatore –, ma diventa la sola condizione per rendere ancora possibile la fede nell'esistenza di Dio.

Il padre protagonista di *La strada*, che si prodiga infinitamente per difendere la vita di suo figlio dal Male, è in realtà salvato dal figlio. Finché esisterà un bambino ci sarà possibilità di vita umana, possibilità che la Legge della parola torni a regolare un mondo precipitato nell'abisso della violenza assoluta del godimento mortale. Allo stesso modo, come è stato notato, quando Ulisse nell'*Iliade* deve presentarsi lo fa non come re di Itaca, ma come "padre di Telemaco".[18] Cosa significa? Significa che egli decide di non presentarsi attraverso i sembianti del potere – come re di un regno – ma solo a par-

[17] Cfr. J. Lacan, *Il seminario. Libro XX. Ancora (1972-1973)*, Einaudi, Torino 1983, p. 108.

[18] Cfr. G. Lentini, *Il "padre di Telemaco". Odisseo tra Iliade e Odissea*, Giardini, Pisa 2006.

tire dalla sua responsabilità etica, a partire da una responsabilità che precede ogni legittimità. È "padre di", non è "proprietario di". È il Nome del Figlio, non il Nome del Padre, che lo definisce. È la sua responsabilità illimitata di padre a essere qui in primo piano e non la potenza del suo Nome proprio. È quella stessa responsabilità che lo sospinge verso il ritorno a casa. È per restare fedele a questa responsabilità che egli sa anche rinunciare all'ebbrezza dell'erranza e all'immortalità dell'eterno. Infatti, la rinuncia più grande di Ulisse è quella al sogno dell'immortalità che la seducente Calipso gli promette. In nome di cosa Ulisse rinuncia al sogno dell'immortalità? Egli può rinunciarvi solo grazie alla potenza dell'amore. C'è qualcosa che porta Ulisse al di là dell'assoluto, al di là della promessa dell'eterno, al di là del miraggio di una salvezza della vita dalla sua fine. È il volto di Penelope intaccato dal tempo, è la vita di suo figlio e della sua comunità che valgono più dell'immortalità e della gloria personale.

> O dea, non adirarti per questo con me. So bene anch'io che la saggia Penelope è a te inferiore nell'aspetto, nella figura: lei è mortale, tu immortale e giovane sempre. E tuttavia io desidero e voglio tornare a casa e vedere il giorno del mio ritorno.[19]

Da dove Ulisse può trarre la forza del distacco dal sonno del godimento promesso come immortale? Non credo sia solo una questione di volontà e di autodisciplina. Ulisse non è qui molto diverso da Abramo che seguendo un cammino solo apparentemente opposto affida Isacco al deserto. Non è come pensa Lévinas: Abramo e Ulisse non sono due figure in opposizione.[20] Il ritorno di Ulisse non è una riappropriazione della propria

[19] Omero, *Odissea*, cit., canto V, p. 79.

[20] Cfr. E. Lévinas, *Totalità e infinito. Saggio sull'esteriorità*, Jaca Book, Milano 1980.

essenza, non è un ritorno presso il Medesimo. Ulisse non conserva affatto ciò che ha. Al suo ritorno troverà Penelope e il figlio amato. Troverà la memoria di un amore e la terra dei padri. Ma troverà tutto questo avendolo perduto. Nessuno gli ridarà la giovinezza della sua sposa e i sorrisi di suo figlio bambino. Il suo ritorno non ha la forma di un reinsediamento. Egli sarà costretto a un altro viaggio prima di trovare la pace. L'Uno non si ricompone mai; Ulisse mostra più della ricomposizione dell'Uno la potenza insostituibile dell'oggetto amato, la sua assoluta incomparabilità, la forza della fedeltà al proprio desiderio. Mostra che l'eterno è nel mondo, è qui, è nel legame con chi amiamo. Non è solo nostalgia (*nostos*) quella che affligge Ulisse. La sua è, piuttosto, una "fedeltà alla terra". Non dobbiamo valorizzare moralmente i contenuti della scelta di Ulisse (il ritorno a casa, la fedeltà alla sposa e al figlio), ma mostrare come egli decide il suo ritorno per rispondere alla Legge del suo desiderio, per stringere a sé Penelope, per riconoscere suo figlio, per riportare la Legge della parola nella sua comunità. Non perché questi sono valori morali universali ma perché essi rendono la sua vita degna di essere vissuta, soddisfatta, felice.

Abramo e Ulisse hanno in comune l'amore per il figlio. È questo amore a fondo perduto che anima la loro decisione. Quella di Abramo di perdere Isacco, di consegnarlo al deserto; quella di Ulisse di perdere la propria immortalità per ritornare a casa al fine di riconoscere Telemaco e ritrovare il volto e il corpo di Penelope, al fine di riabilitare la Legge della parola. Da questo punto di vista anche la celebre lettura di Ulisse proposta da Adorno e Horkheimer nella loro *Dialettica dell'Illuminismo* risulta fatalmente parziale: Ulisse non è solo il nome del "sacrificio", la strategia autoconservativa della ragione nei confronti della natura. La logica che ispira la sua vita non è solo quella del controllo astuto e del dominio di sé che "sopravvive solo al prezzo della rinuncia al proprio sogno".[21] Ulisse indica piuttosto la via del padre che a fondo perduto sceglie per l'amore del figlio e della propria sposa, sceglie di obbedire alla Legge del proprio desiderio che è una Legge al di là di ogni sacrificio. La sua rinuncia non è al servizio del dominio e dell'appropriazione, ma a quello del desiderio e della sua trasmissione simbolica.

[21] T.W. Adorno e M.Horkheimer, *Dialettica dell'Illuminismo*, cit., pp. 64-66.

4.
Cosa significa essere un erede giusto?

L'eredità come riconquista

Nel suo testo-testamento, rimasto incompiuto, intitolato *Compendio di psicoanalisi,* l'ultima parola del padre della psicoanalisi è dedicata non casualmente al tema dell'eredità. Freud cita un celebre detto di Goethe: "ciò che hai ereditato dai padri, riconquistalo se vuoi possederlo davvero".[1] L'atto dell'ereditare viene qui definito come una *riconquista*. Per ereditare qualcosa dall'Altro, per essere davvero un erede, non è sufficiente ricevere passivamente un'eredità già costituita, ma è necessario un movimento soggettivo di ripresa, di soggettivazione del debito. Senza questo movimento di ripresa del passato che ci costituisce, senza questo doppio tempo in cui dobbiamo fare nostro ciò che è già stato nostro, dove dobbiamo ripetere proprio ciò che ci ha costituito, non si dà alcuna esperienza soggettiva dell'eredità. L'eredità non è mai per natura, per destino o per necessità storica. Non è un'obbligazione, sebbene implichi un vincolo, un debito simbolico. Se l'eredità è un movimento soggettivo di riconquista del proprio essere-stato

[1] S. Freud, *Compendio di psicoanalisi*, in *Opere*, cit., vol. XI, p. 634.

essa non definisce solo un evento di discendenza, ma è la stoffa stessa di cui è fatta la realtà dell'esistenza soggettiva. Gli essere umani in quanto esseri parlanti – in quanto, direbbe Lacan, "parlesseri" – sono innanzitutto eredi del linguaggio, eredi della Legge della parola. È questo il debito simbolico che li vincola all'Altro. Anche per questa ragione l'eredità non è in nessun caso una rendita. Erede non è colui che incassa dei beni o dei geni dall'Altro; l'eredità autentica non è un fatto di sangue o di biologia. È ciò che Cristo prova a spiegare a un Nicodemo esterrefatto: se vuoi davvero nascere non basta la tua prima nascita, quella biologica, ma devi nascere una seconda volta. Non più dal ventre di tua madre, spiega con calma Gesù. La seconda nascita, quella che investe il problema dell'ereditare, è una conquista della soggettività. Questo significa che la prima nascita, quella della carne e del sangue, non è mai sufficiente a rendere una vita umana. La vita non si umanizza ricevendo il suo corredo genetico o le rendite economiche a cui ha diritto, ma facendo davvero proprio tutto quello che ha ricevuto dall'Altro, soggettivando la sua provenienza dall'Altro, il debito simbolico che a esso ci lega. Anche se per eredità avessimo solo un corpo morto, la sua cenere, il suo cadavere, anche se ereditassimo "merda",[2] questo non significherebbe poter, come direbbe Heidegger, fare a meno di scegliere la nostra eredità.

[2] È il tema che Philip Roth sviluppa in *Patrimonio,* Einaudi, Torino 2001. Cfr. M. Recalcati, *Cosa resta del padre?*, cit., pp. 119-153. Ma non dovremmo forse chiederci, più radicalmente, se l'eredità non sia sempre fatta di merda, nel senso che è solo a partire dalla condizione di orfani, di mancanti, in cui noi siamo in quanto esistenze gettate nel linguaggio, che diventa possibile l'ereditare? Nondimeno, come mostra magistralmente Roth nella scena capitale di *Patrimonio*, è su questa stessa merda che deve avvenire il nostro lavoro di eredi come lavoro "segreto" di ripulitura, di relazione con ciò che viene dal padre, di cura impossibile da portare a termine una volta per tutte. Devo questo riferimento all'importanza del gesto del "pulire" il "patrimonio" lasciato dal padre a Girolamo Dal Maso (conversazione privata).

Per Lacan la vita biologica si umanizza solo passando attraverso il desiderio dell'Altro. Per rinascere una seconda volta, come Gesù invita il filosofo a fare, è necessario il lievito del desiderio. È necessario l'incontro col desiderio dell'Altro. Questo incontro non è garantito dalla stirpe, né tantomeno dalla memoria storica del passato. Un'eredità non è mai un'appropriazione di se stessi, ma ha sempre come presupposto una separazione, uno sradicamento, una distanza impossibile da colmare. Per questa ragione Heidegger affermava poeticamente che l'esistenza è un "essere delle lontananze". La riconquista dell'ereditare non è mai un "fare proprio" nel senso dell'appropriazione di sé, del rendere omogeneo, dello smussare l'alterità impropria dell'Altro, quanto piuttosto riconoscere la nostra provenienza e il debito simbolico che essa implica. L'eredità non è l'appropriazione di una rendita, ma è una riconquista sempre in corso. Ereditare coincide allora con l'esistere stesso, con la soggettivazione, mai compiuta una volta per tutte, della nostra esistenza. Noi non siamo altro che l'insieme stratificato di tutte le tracce, le impressioni, le parole, i significanti che provenendo dall'Altro ci hanno costituito. Non possiamo parlare di noi stessi senza parlare degli Altri, di tutti quegli Altri che hanno determinato, fabbricato, prodotto, marchiato, plasmato la nostra vita. Noi siamo la nostra parola, ma la nostra parola non esisterebbe se non si fosse costituita attraverso la parola degli altri che ci hanno parlati. La Legge della parola sancisce l'esistenza di questo debito simbolico all'origine dell'evento della parola. La possibilità della mia parola è data dalla presenza del linguaggio che la trascende e sulla quale essa deve potersi inscrivere per esistere nella sua singolarità. L'atto di parola è sempre mio, ma è sempre mio solo in quanto riprende in modo singolare l'esistenza universale dell'Altro del linguaggio. Una vita non è che questo apprendere a parlare la propria parola attraverso la parola degli altri. L'ereditare non può essere allora la cancellazione di questa parola e di questa memoria dell'Altro – del debito simbolico che a esso ci vincola –, ma nemmeno la sua ripetizione passiva. L'eredità, ci dice Freud attraverso Goethe, è l'effetto di una riconquista di ciò che è stato, è il prodotto di una scelta, di una assunzione soggettiva di tutta la nostra storia che è, innanzitutto, la storia dell'Altro.

L'eccesso di memoria

Il movimento dell'ereditare – la riconquista dell'eredità – può sempre fallire. La psicoanalisi evidenzia due modi fondamentali di questo fallimento. Uno di "destra" e uno di "sinistra". Quello di destra avviene assimilando l'eredità alla mera ripetizione di ciò che è già stato. Se ereditare è un movimento di riconquista – è un fare proprio ciò che è già nostro, è volerlo nuovamente, volerlo una seconda volta, è nascere simbolicamente –, l'ereditare non può ridursi a essere una semplice ripetizione del passato, un movimento passivo di assorbimento di ciò che è già stato. Ereditare non è la riproduzione di quello che è già avvenuto. Anzi, la ripetizione del passato, l'eccesso di identificazione, di incollamento, di alienazione, il suo assorbimento passivo o la sua venerazione, sono modi in cui l'atto dell'ereditare fallisce. Per questo Freud sottolinea che l'eredità è innanzitutto una decisione del soggetto, un movimento in avanti di "riconquista". Questo movimento è il contrario di un ripiegamento nostalgico. La "riconquista" dell'ereditare significa la sovversione della replica passiva del già stato. Ereditare non è clonazione, non è mai riproduzione passiva di un modello ideale attinto dal passato. È la nevrosi che tende a interpretare l'eredità come ripetizione, fedeltà assoluta al proprio passato, infantilizzazione perpetua del soggetto, dipendenza senza differenziazione, obbedienza senza critica, conservazione monumentale e archeologica del passato. Lo sguardo dell'erede non è mai solo uno sguardo rivolto all'indietro. Per riconquistare e, dunque, per possedere davvero la propria eredità non si può sostare troppo vicino a ciò che il morto ci ha lasciato.

Anti-melanconia di Gesù e Nietzsche

Vi propongo due scene che sono state cruciali per me, nel tempo della mia giovinezza, per intendere cosa significhi davvero ereditare. La prima è una scena evangelica della quale parlano Matteo e Luca. Nella versione di Matteo il problema è quello del rapporto tra il maestro e i suoi discepoli. Uno di questi si rivolge a Gesù chiedendogli: "Maestro sono pronto a seguirti ovunque tu vada". Gesù gli risponde: "Le volpi hanno tane, gli uccelli del cielo ripari, ma il figlio dell'uomo non ha dove poter posare il capo", ricordando al suo discepolo lo statuto errante, senza casa, senza radici – senza eredità come identità solida – dell'umano. A questo punto un altro discepolo gli chiede il permesso di andare a seppellire suo padre. E Gesù, ancora più risolutamente, gli risponde: "Lascia che i morti seppelliscano i loro morti", vietando al suo discepolo di partecipare all'ultimo congedo di suo padre. Gesù lo riprende con forza scuotendolo, richiamandolo con una determinazione che mi è apparsa sempre come eccessiva, spietata, inaudita. "Maestro, consentimi prima di andare a seppellire mio padre," chiede sommessamente il discepolo: "Seguimi! E lascia i morti seppellire i loro morti!",[3] gli risponde con fermezza inumana il Maestro. In Luca troviamo un commento supplementare a questa scena quando riporta le parole di Gesù: "Nessuno che abbia messo la mano all'aratro e guardi indietro è adatto al regno di Dio".[4]

[3] Matteo 8,18-22, in *I Vangeli*, cit., p. 187.
[4] Luca 9, 62, in *I Vangeli*, cit., p. 443.

In questa scena è in gioco il movimento dell'ereditare. Gesù invita a lasciare i morti ai morti, a lasciare i morti a coloro che sono già morti. In questo consiste la sua spietatezza. Sembra ostacoli il lavoro del lutto, il quale, come sappiamo, richiede un certo lasso di tempo per procedere. Gesù invita, invece, a non ripiegarsi sul passato, non concede tempo, laddove per Freud il lutto esige proprio un supplemento di tempo, esige "tempo ed energia" per potersi compiere. Non è forse anche qui la parola di Gesù in una radicale alternativa con quella della psicoanalisi che insegna, contro ogni attivismo decisionista, l'importanza di saper sostare presso la perdita, di dare tempo al morto al fine di operare una sua simbolizzazione efficace? Non è forse necessario, come si esprimeva Freud, un giusto "lasso di tempo" affinché la perdita sia elaborata psichicamente?[5] La parola di Gesù non sembra allora invitare alla fuga maniacale dalla morte, al rigetto della finitezza? Sarebbe una lettura fuorviante. In questa scena quello che deve essere sottolineato è l'intreccio profondo che lega la memoria all'oblio. La giusta interpretazione di questa scena, almeno ai miei occhi, ci viene data – mi sarà data, nella mia giovane vita di studente, diversi anni dopo – dalla lettura della *Seconda considerazione inattuale* di Nietzsche.[6] Cosa è in gioco in questo testo? Una malattia speciale, una ipertrofia della memoria: *la malattia storica*. Di cosa si tratta? Nietzsche si interroga sul danno e l'utilità della storia per la vita. Si interroga su quando il pensiero del passato – il suo culto antiquario o monumentale, o il suo rifiuto critico – possa diventare dannoso per la vita. La risposta a questa domanda investe il problema dell'ereditare. Quando il sapere storico, il sa-

[5] S. Freud, *Lutto e melanconia*, in *Opere*, cit., vol. VIII, pp. 104 e 112.

[6] Cfr. F. Nietzsche, *Seconda considerazione inattuale: sull'utilità e il danno della storia per la vita*, in *Opere*, a cura di G. Colli e M. Montinari, Adelphi, Milano 1992.

pere del passato, non serve la vita ma la vita diventa serva di questo sapere, non abbiamo eredità ma malattia dell'eredità. Un eccesso di memoria inebetisce, schiaccia il presente sotto il peso del passato rendendo impossibile l'avvenire. Un eccesso di storia rende impossibile cominciare di nuovo perché sottopone il presente al giogo della tradizione consolidata, al peso di una memoria che diventa archivio e monumento. Ecco la malattia storica! La memoria, il ripiegamento verso il passato, prosciuga la vita, rende impossibile l'avvenire del regno. Quando il pensiero del passato diventa una ruminazione incessante c'è spossatezza e appassimento depressivo della vita. È la tesi di Nietzsche. Ma è anche la tesi di Freud: il lavoro del lutto *passa attraverso* la morte, ma non si cristallizza attorno alla morte. Non è, infine, questa anche la tesi di Gesù? Lasciate che i morti seppelliscano i morti! Se la vita si lascia intrappolare dalla fedeltà all'Altro del passato, all'Altro della tradizione, alla sua Legge, agli archivi e ai monumenti del passato, non si darà alcuna possibilità di creazione, non si darà nessuna eredità. Per Nietzsche questa è la patetica obesità melanconica dello storico: la vita autenticamente storica ha, invece, bisogno di oblio, di sospensione della memoria, di "non-storico", di separarsi dal passato. È lo stesso paradosso che ritroviamo in Freud: la memoria del nostro passato è fondamentale, tuttavia può dare luogo a una fissazione melanconica che finisce per abrogare la plasticità della pulsione. Può animare un passato vissuto come ideale, può produrre una sua idealizzazione narcisistica. È la scelta melanconica: restare impigliati nel proprio passato, rifiutare l'esperienza della separazione, persistere nell'adesione fissata all'oggetto perduto, ridurre l'eredità alla ripetizione passiva e infinita del già stato. Per questa ragione Gesù ammonisce i suoi discepoli: "Lasciate che i morti seppelliscano i morti!", "Non volgere lo sguardo all'indietro mentre la mano guida l'aratro!". Il familiare non esaurisce mai la vita; la vita necessita di separazione ("Non crediate che io sia venuto a mettere pace sulla terra; non sono venuto a mettere pace, ma la spada";[7] "Chi è mia madre? Chi sono i miei fratelli?"[8]). Si tratta, per Nietzsche, di praticare la vertigine del non-storico, la vertigine della separazione. La forza plastica del lutto consiste in questo esercizio della memoria che ci consente di raggiungere un oblio diverso da quello che vorrebbe cancellare il passato. Non si tratta di voler dimenticare, di non voler ricordare, non si tratta di rimozione; si tratta piuttosto di come uscire dal giogo melanconico di chi ricerca nell'adattamento al passato l'ideale della propria vita. Si tratta di *essere nella storia, ma senza storia*. Gesù avverte il pericolo di non saper dimenticare. L'esperienza della memoria potenzia o indebolisce la vita? È utile o dannosa alla vita? La melanconia è restare attaccati all'oggetto perduto, non procedere in avanti, non voler oltrepassare la morte. Il soggetto melanconico è assediato dall'idealizzazione del suo passato. Ma la venerazione del passato è una malattia della memoria ed è – ecco il punto che ci interessa sottolineare – un fallimento dell'eredità. Anche il nostro Telemaco rischia di assumere una posizione nostalgica, rischia l'idealizzazione melanconica del grande padre, del padre-re, del padre-eroe come padre perduto. Ma per ereditare non bisogna farsi irretire dalla perdita dell'Ideale, né dall'orrore del presente – è il caso di questa generazione di figli che non vede nulla davanti a sé, nessun orizzonte, nessun Ideale. Per ereditare è necessario quello che Lacan ha denominato come il "lutto del padre". Altrimenti si diventa eredi di professione e si cristallizza il movimento in avanti dell'ereditare con un'identificazione rigida all'ideale del passato. Anche Telemaco rischia di assomigliare ai vagabondi di *Aspettando Godot* di Beckett. Se

[7] Matteo 10,34, in *I Vangeli*, cit., p. 203.
[8] Matteo 12,48, in *I Vangeli*, cit., pp. 219-220.

anche il padre fosse davvero colui che in fondo non arriva mai? Colui che è destinato a perdersi sempre in mare? A lasciarci soli, orfani, mancanti, ad abbandonarci?

Per questo è necessario nascere una seconda volta, rompere col familiare ("Chi è mio padre? Chi è mia madre? Chi sono i miei fratelli?"), lasciare la propria casa, sradicarsi. Nascere è uccidere, è rompere il guscio, sporgersi alla contingenza illimitata, esistere in una discontinuità radicale rispetto a tutto ciò che è già stato. L'eredità come riconquista implica così un tempo di separazione e di oblio del passato, implica la vertigine abissale del non-storico. La malattia storica è per Nietzsche, al contrario dell'ereditare, una *idolatria del passato*. Questa idolatria può riguardare anche i popoli e le Civiltà. La vita necessita invece di oscurità, di ombra, di oblio, non solo della luce della storia. Bisogna conoscere bene la storia dell'arte, "non si può evitare di vedere il passato", teorizzava Franz Kline, ma per poter generare un gesto artistico degno di questo nome bisogna anche sapere dimenticare la memoria di tutto ciò che è stato, altrimenti l'amore eccessivo per il passato finisce per rendere impossibile l'emergere di uno stile personale.[9]

Quando Freud parla dell'eredità come di una riconquista vuole mettere in evidenza l'ereditare come rischio aperto e non come consolidamento di una appartenenza già acquisita. Le radici non sigillano l'identità, ma devono essere ogni volta riprese da un movimento di erranza. Per questa ragione nemmeno la memoria può mai esaurire l'ereditare; ci vuole memoria del passato, ma solo per raggiungere, al suo colmo, un punto di oblio che renda possibile l'atto inedito e singolare capace di introdurre nuovi significanti. L'eredità come riconquista non è mai fedeltà acritica al passato, non è memoria d'archi-

[9] F. Kline, *L'artista è oggi pro o contro il passato*, intervista a cura di T.B. Hess, in C. Christov-Bakargiev, *Franz Kline 1910-1962*, Skira, Milano 2004, p. 114.

vio, rendita, ma implica l'oblio come forza, implica la forza della dimenticanza. Si tratta sempre di scegliere quello che si eredita, affermava Heidegger. Per questa ragione in Freud l'inconscio non è solo memoria del passato più arcaico, non è solo il deposito del rimosso, ma è anche il luogo della forza del desiderio, di ciò che non si è ancora realizzato e che domanda di potersi realizzare.

Ma cosa significa allora fare il "lutto del padre"? L'ereditare coincide con il lutto come lavoro, è un lavoro del lutto. E cos'è un lavoro del lutto? È riuscire a portare la memoria alla potenza dell'oblio; dimenticare i morti non perché li abbiamo cancellati dalla nostra vita, ma perché li abbiamo fatti nostri e solo in questo senso possiamo dire che abbiamo potuto dimenticarli, che abbiamo potuto lasciarli morire, lasciarli essere davvero morti.

La negazione del debito simbolico

Esiste però un altro modo di fallire l'eredità: è il modo "di sinistra". Di cosa si tratta? Si tratta della recisione del legame con il passato, del rifiuto della memoria, della cancellazione del debito simbolico che accompagna la nostra provenienza dall'Altro. L'eredità, abbiamo visto, non si esaurisce nell'attività della memoria, eppure senza memoria non ci può essere alcuna eredità. Il movimento dell'ereditare si situa sul bordo tra la memoria e l'oblio, tra la fedeltà e il tradimento, tra l'appartenenza e l'erranza, tra la filiazione e la separazione. Non l'uno contro l'altro, ma l'uno nell'altro, l'uno avvitato nel legno duro dell'altro. Mentre il fallimento di destra dell'eredità avviene per eccesso di fedeltà nei confronti del passato, quello di sinistra avviene per rifiuto rivoltoso del passato. È il rovesciamento speculare della venerazione. Il passaggio adolescenziale spesso oscilla tra questi due estremi; venerazione idealizzante del passato, immedesimazione conformista rispetto ai modelli familiari, oppure rottura violenta, oppositiva, con il passato, negazione del debito e rivendicazione a senso unico della propria (falsa) autonomia. Questo secondo estremo sembra caratterizzare in particolare il nostro tempo che è il tempo di una libertà che si vuole assoluta e priva di limiti. Il culto ipermoderno della libertà separa la libertà dalla responsabilità della memoria e dell'atto che la sa sospendere. È una libertà che si proclama tale rigettando la fatica del lavoro del lutto. È, di conseguenza, una libertà senza responsabilità. Questa libertà sostiene – con più o meno senso della tragedia o della farsa – l'illusione che il soggetto sia una sorta di genitore di se stesso. È il culto ipermoderno dell'autosufficienza e del rifiuto di ogni forma di dipendenza. Gli psicoanalisti sanno bene come questo rifiuto – il rifiuto di essere figli, il rifiuto dell'eredità –, porti con sé solo danno e devastazione. Non si può esistere senza l'Altro; l'esistenza umana non è mai autosufficiente, non può prescindere dal legame con l'Altro. Il mito della libertà senza vincoli è un miraggio ipermoderno che fomenta la riduzione perversa della libertà – scissa da ogni forma di responsabilità etica – alla pura volontà di godimento. La contestazione del padre, la spinta a distruggere il Nome del Padre, incolla, indebita per sempre, non rende possibile la separazione. È il mito inconscio di tutti gli Anti-Edipo. Il fallimento dell'eredità avviene in questo caso nella forma di una esigenza di distruzione del debito simbolico con l'Altro.

La parabola evangelica dei vignaioli omicidi si presta bene a mostrare la dimensione delittuosa del rifiuto dell'eredità e il suo esito catastrofico. I vignaioli che ricevono in affitto le vigne non riconoscono in nessun modo il debito contratto. Non solo si rifiutano di pagare quanto devono, ma colpiscono e oltraggiano i servitori del padrone inviati a riscuotere l'affitto. E quando il padrone delle vigne decide di inviare il proprio "figlio diletto" – l'allusione simbolica alla vita di Cristo è qui evidente – pensando che almeno di lui i vignaioli avranno il dovuto rispetto, questi viene spietatamente ucciso. "Quei vignaioli dissero fra di loro: 'Ecco l'erede: suvvia uccidiamolo, e sarà nostra l'eredità'. E presto l'uccisero e lo gettarono fuori dalla vigna."[10]

In questa scena evangelica non c'è eredità, ma espropriazione indebita che avviene brutalmente uccidendo l'erede, negando ogni forma di debito simbolico. I vignaioli omicidi sono il ritratto del fallimento di sinistra dell'eredità. Il fantasma che li muove è quello di un'appropriazione illegittima dell'eredità dell'Altro, di una negazione del patto con l'Altro, del debito simbolico che li vincola all'Altro, al padrone delle vigne. Uccidere il figlio è come uccidere il padre; è rigettare la filiazione simbolica nel nome di un fantasma di autogenerazione.[11] Ma quale senso avrebbe ancora oggi parlare di debito simbolico in una stagione dove ai nostri giovani sembra che le vecchie generazioni non abbiano lasciato nulla? In una stagione in cui le vecchie generazioni hanno ostruito l'orizzonte delle nuove, quando hanno lasciato debiti reali al posto di quelli simbolici, quando non lasciano il loro posto, non trasmettono desideri ma difendono accanitamente solo i loro privilegi scellerati? Quale debito simbolico nel tempo in cui il luogo dell'Altro appare totalmente inconsistente? Non rischia questo richiamo al debito di suonare moralistico e, ancora di più, oppressivo per le nuove generazioni? Non bisogna fare confusione. L'indignazione e il conflitto non escludono l'eredità. Ereditare significa riconoscersi come iscritto in un ordine che non posso governare; signi-

[10] Marco 12, 7-8, in *I Vangeli*, cit., p. 89.

[11] Non è casuale ricordare che la clinica psicoanalitica con adolescenti psicotici intercetta frequentemente il nesso tra la forclusione della funzione simbolica del padre e il passaggio all'atto parricida; come se un fantasma di autogenerazione si imponesse sullo sfondo di un'eredità negativa, dell'impossibilità per il soggetto di riconoscere il debito simbolico nei confronti del Nome del Padre. Cfr. F. Marty, *Filiation, parricide et psychose à l'adolescence. Les liens du sang*, Érès, Toulouse 1999.

fica riconoscere che la mia parola viene sempre dalla parola dell'Altro; significa assumere la nostra costituzione come priva di fondamento; significa attribuire valore alla Legge della parola. Non a caso credersi un Io compiuto è considerato da Lacan la malattia mentale per eccellenza, l'espressione massima della follia umana, della follia più grande. Noi siamo fatti dall'Altro, proveniamo dall'Altro, respiriamo l'ossigeno dell'Altro, non potremmo esistere senza l'Altro. Certo, abbiamo anche il compito di separarci dall'Altro; nascere, in questo senso, è sempre, lo abbiamo appena visto, anche uccidere. Ma la condizione per una separazione possibile risiede solo nel riconoscimento della nostra provenienza, della nostra appartenenza all'Altro, dell'impossibilità di essere un Uno senza l'Altro.

Il rifiuto dell'eredità può prendere la via della ripetizione ossequiosa e formale del passato o quella del suo rifiuto rivoltoso. Soggezione al passato senza invenzione e libertà senza vincoli, né debiti simbolici, sono due modi, tra loro speculari, di fallire l'impresa dell'ereditare. La proclamazione di una libertà senza responsabilità e senza memoria è il modo di sinistra di fallire l'eredità. È pensare, come fanno i vignaioli omicidi, alla libertà come disancorata dal debito simbolico che ci vincola alla trascendenza del linguaggio.

Telemaco è il giusto erede

Torniamo ancora a Telemaco. Perché Telemaco è il giusto erede? Come avviene in Telemaco l'atto dell'ereditare? L'attesa, l'essere *desiderantes*, non esaurisce la sua posizione rispetto al padre. Abbiamo già fatto notare il rischio nostalgico che affligge la sua veglia. Il complesso di Telemaco sembra avere due anime: quella nostalgico-invocativa e quella pratica-attiva. Telemaco non si limita ad attendere e a invocare il padre ma agisce, si strappa dall'attesa, si mette in moto. Il ciclo omerico della *Telemachia* racconta questo agire, questo movimento del figlio in avanti, racconta il viaggio di Telemaco. Egli decide di andare verso il padre, di ritrovare la memoria delle sue gesta; naviga verso le terre di Pilo prima e di Sparta poi per incontrare i vecchi eroi della guerra di Troia. Cerca le tracce del padre, cerca notizie sulla sua vita. Questo viaggio – che è il viaggio che ogni erede è tenuto a compiere – è irto di pericoli. I Proci cospirano infatti per la sua morte e a essa Telemaco potrà sfuggire, al suo ritorno a Itaca, solo grazie all'intervento della dea Atena. In questo viaggio Telemaco è in pericolo perché si confronta con il suo passato non limitandosi a riceverlo come una garanzia, ma affondando in esso sino a rischiare di perdersi. Non è forse questo il movimento giusto dell'ereditare? L'ereditare non comporta forse sempre il pericolo dello smarrimento? Non dobbiamo dimenticare che Telemaco, l'erede, come tutti gli eredi giusti è un orfano, un diseredato.[12] Nel suo viaggio di riconquista dell'eredità non incontra il padre perché non c'è mai, in realtà, incontro possibile con il padre. L'evaporazione del padre impone che l'incontro col padre non sia già scritto, ma possa avvenire, o meno, solo nella contingenza illimitata della vita. Più precisamente questo incontro può essere significato solo retroattivamente. Non è trasmissione genetica, somiglianza, continuità di sangue. L'incontro col padre è una possibilità del nostro essere figli. Nel racconto omerico esso diventa possibile *solo dopo il viaggio di Telemaco*. È solo al ritorno di questo viaggio – sopravvivendo al rischio della sua morte – che Telemaco potrà incontrare suo padre nella capanna dell'umile porcaio Eumeo senza averlo riconosciuto, almeno in un primo tempo. È solo *dopo* questo viaggio che Telemaco potrà abbracciare e farsi

[12] Cfr. M. Cacciari, *Il peso dei padri*, cit.

abbracciare dal padre, in uno dei passaggi più struggenti di tutto il poema.[13]

Cosa ci insegna il viaggio di Telemaco se non che l'eredità non è già costituita all'Origine, ma si realizza solo quando viene fatta propria dal soggetto in un movimento in avanti, di riconquista, direbbe Freud con Goethe? In questo senso è sempre come orfani che si può ereditare nel modo giusto. Se ereditare è entrare in rapporto con il proprio passato, se suppone il riconoscimento della nostra provenienza e il debito simbolico che a essa ci vincola, esso non comporta mai appropriazione dell'Origine – il ricongiungimento hegeliano con la propria essenza – perché l'ereditare non è un consolidamento dell'identità ma, come mostra il viaggio di Telemaco, un movimento in avanti, l'esposizione a un rischio, a un pericolo.

Cosa significa ereditare?

È l'esperienza dell'impossibile introdotta dalla Legge della parola che ci fa esistere come figli. Il figlio è infatti colui che viene dall'Altro. Perché l'esperienza del limite sia creativa e non scada in un narcisismo della frustrazione che la divinizza (superbia dell'umiltà), ma neppure in un culto del desiderio senza Legge che dà luogo alla sua cancellazione antiedipica, è necessario che essa – l'esperienza del limite – sia legata a quella della filiazione. Da questo punto di vista ogni umano, in quanto figlio, è *un erede*. Ogni essere umano viene dall'Altro, abita il linguaggio, è in una relazione di debito

[13] "E Telemaco, abbracciando il padre glorioso, versava lacrime fitte. Entrambi avevano voglia di piangere, e piangevano forte, gemendo più degli uccelli, più delle aquile o degli avvoltoi dagli artigli ricurvi a cui i contadini rubarono i piccoli prima che avessero messo le ali. Così, pietosamente versavano lacrime da sotto le ciglia." Cfr. Omero, *Odissea*, cit., canto XVI, p. 251.

simbolico con l'Altro da cui proviene. In questo senso una filiazione capace di essere generativa implica che vi sia responsabilità associata alla libertà. L'Altro che accoglie la vita è un Altro investito da una responsabilità illimitata perché rinuncia a esercitare qualunque forma di proprietà su quella vita. Ma anche perché la vita accolta non è mai la vita in generale bensì sempre *una vita*, una vita particolare; quella vita, quel nome, quell'odore unico del figlio. La responsabilità dell'Altro consiste nell'umanizzare l'evento della vita, nel riconoscere una vita come vita umana, nel tradurre il grido in appello. La responsabilità illimitata non è tanto nella generazione biologica della vita, ma nel dire di "sì!" all'evento umano della vita. La filiazione implica un atto di adozione simbolica della vita. Non della vita in generale, ma di quella vita, di quella vita voluta e accolta sin nei suoi dettagli più infimi. Perché l'apparizione di una vita particolare è una goccia nel mare, sebbene questa goccia sia irriducibile al mare. Per questo Lacan affermava che l'amore è sempre e solo amore del Nome. Non è amore per la vita in generale, ma è amore che s'incarna in un particolare, in un corpo, in un volto, nel Nome proprio di *una* vita.

Cosa voglio dire quando dico che la nostra responsabilità nel processo di filiazione appare illimitata? La nostra responsabilità nell'accogliere la vita è illimitata perché la nascita di ogni vita cambia il senso del mondo, rendendo il mondo *per sempre* diverso. Se l'Altro non si manifesta come accoglienza della vita, ma come rifiuto, la vita si dissocia dal senso e precipita nell'abbandono assoluto (*Hilflosigkeit*). Per farsi umana la vita necessita della presenza presente dell'Altro. Presenza presente significa presenza animata da un desiderio. Se questo incontro non si verifica la vita è esposta alla dissociazione dal senso, appare come vita senza senso. È quello che incontriamo regolarmente nel trattamento delle depressioni. La vita si umanizza solo attraverso l'ossigeno del desiderio dell'Altro, attraverso una cura non anonima, attraverso la particolarizzazione delle cure. Ma non c'è umanizzazione della vita senza eredità. L'eredità è il principio a fondamento di ogni filiazione simbolica. L'ereditare è fare mio ciò che mi ha fatto essere riconoscendo il debito simbolico che mi lega all'Altro. È soggettivare la mia provenienza dall'Altro, che non è solo provenienza familiare, ma è innanzitutto provenienza dal linguaggio, dall'Altro in quanto Legge della parola. La filiazione, implicando il movimento dell'ereditare, suppone che vi sia trasmissione del desiderio da una generazione a un'altra. La libertà senza responsabilità rifiuta la filiazione in nome dell'autogenerazione di sé o si limita a offrire solo una caricatura dell'essere figli riducendo la filiazione al culto dell'immaturità.

Il riconoscimento del debito simbolico

Cosa si eredita dunque? E cosa si eredita quando il passato è un corpo morto? Quando il padre è un padre sadico, un padre senza amore? Quando gli adulti sono evaporati? L'eredità non implica il ritrovamento di un'identità già fatta, di radici senza tempo, perché è un movimento che esorbita il familiare. Non si eredita una certificazione di identità perché non c'è eredità genetica. La filiazione, essendo simbolica, scompagina la discendenza della stirpe. Nell'ereditare sprofondo nel mio passato non per ritrovare le mie Origini ma per risalire, per emergere da esse. Questo sprofondamento non è, come invece pensava Hegel, un ritrovamento dell'identità nella tradizione. Il movimento dell'ereditare implica sempre l'essere *figli senza padri* nel senso che non si tratta tanto di ricevere dall'Altro, ma di perdere l'Altro. L'erede autentico è sempre orfano dell'Altro. Come accade per Telemaco che si muove alla ricerca del padre senza mai averlo davvero conosciuto. La *Telemachia* omerica è, infatti, una ricerca del padre a partire dalla sua assenza.[14] È questo il movimento più proprio dell'ereditare. Il padre che si pone come un Ideale incarnato, onnipresente, come modello esemplare rende impossibile l'ereditare se non nella forma della riproduzione dello Stesso.[15] Ma allora cosa si eredita nel processo simbolico della filiazione? Si eredita la possibilità del desiderio. È il desiderio la posta in gioco di ogni autentica eredità. La vita si umanizza solo attraverso il desiderio dell'Altro. Noi siamo innanzitutto le parole dell'Altro, dipendiamo da quelle parole, ne siamo attraversati. L'applicazione della regola dell'associazione libera, nella pratica della psicoanalisi, mostra che per parlare di sé il soggetto deve parlare del suo Altro; quando parla di sé sta parlando dell'Altro, sta parlando di come l'Altro ha parlato di lui. Non esiste esistenza che sia un *ens causa sui*. Noi non siamo padroni in casa nostra, ripete Freud. Come dobbiamo intendere allora questa espropriazione originaria del nostro fondamento? Come dobbiamo intende-

[14] Una radicalizzazione dell'erede come eretico, in quanto figlio non di se stesso ma delle proprie Opere, si trova nella *Telemachia* che apre l'*Ulisse* di James Joyce. Stephen Dedalus è un Telemaco che, diversamente da quello omerico, vorrebbe rinunciare definitivamente a tutti i padri ("Basta coi padri!"). Egli trasforma, in uno sforzo ciclopico, la sua eredità impossibile in una giusta eresia. Per una interpretazione sull'eredità come eresia nella Telemachia joyciana, a partire dalla lettura lacaniana di Joyce, mi permetto di rimandare a M. Recalcati, *Desiderio, godimento e soggettivazione*, in *Jacques Lacan*, cit., pp. 219-238.

[15] Si può leggere tutta la monumentale opera che Sartre dedica a Gustave Flaubert come una riflessione straordinaria sul tema dell'eredità. Gustave può essere paradossalmente erede dell'Altro proprio a partire dalla sua esclusione dall'Altro; diversamente da suo fratello maggiore, Achille, primogenito, la cui sorte sarà quella di essere letteralmente clonato, sin dal nome proprio, dal padre Achille-Flaubert. Non avrà scampo; l'identificazione totalizzante all'erede impedisce il movimento singolare di riconquista dell'eredità. Cfr. J.-P. Sartre, *L'idiota della famiglia. Gustave Flaubert dal 1821 al 1857*, Il Saggiatore, 2 voll., Milano 1978. Per un commento ampio di questo testo e di questi temi, rinvio ancora al mio *Jacques Lacan*, cit., pp. 424-466.

re questa assenza di autosufficienza che il fantasma ipermoderno della libertà vorrebbe invece poter annullare? Il riconoscimento della dipendenza della vita dall'Altro – del nostro debito simbolico – è la prima condizione perché vi sia eredità. Lacan parla di "dipendenza costituente" per segnalare il debito simbolico della vita verso l'Altro. Le dipendenze patologiche sono invece animate dall'illusione narcisistica del *farsi da solo*, del farsi senza Altro. È una delle espressioni più gravi del disagio attuale della giovinezza. È un tentativo disperato di cancellare la dimensione costituente della dipendenza.[16]

La differenza simbolica tra le generazioni

Il fantasma della libertà tende a cancellare la differenza simbolica tra le generazioni. L'ideologia della parificazione annulla il tempo necessario alla vita per farsi essere, come direbbe Lacan. Annulla la differenza generazionale e la responsabilità illimitata che investe l'adulto nel processo di filiazione. Il figlio-Narciso si accoppia ai genitori-figli. La responsabilità dell'atto educativo da parte degli adulti resta latitante. Nessuno vuole assumersene il peso. Ma dove sono finiti gli adulti? Come vi può essere eredità – filiazione simbolica – senza esistenza di adulti? Il complesso di Telemaco mostra che la domanda delle nuove generazioni non è più quella di trasgredire la Legge, ma è che vi sia ancora rispetto nella Legge della parola. È che vi sia ancora un adulto capace di testimoniare sull'alleanza tra Legge e desiderio. È quello che abbiamo nominato come passaggio da Edipo-Narciso a Telemaco: il disagio attuale della giovinezza esprime una domanda, una invocazione insistente della Legge della parola.

[16] M. Recalcati, *Clinica del vuoto. Anoressie, dipendenze, psicosi*, cit., pp. 111-119.

Come abbiamo visto l'ereditare è un movimento che può fallire e questo può accadere per eccesso di identificazione all'Altro o per eccesso di rivolta nei confronti dell'Altro. La vita umana deve riconoscere il debito simbolico, ma non deve restare imprigionata nel familiare. Il riconoscimento del debito favorisce e non ostacola la separazione dall'Altro. L'obbedienza al passato – la clonazione – e la rivolta verso il passato – il rifiuto del debito – sono due modi speculari di fallire l'interpretazione della Legge della parola. Identificarsi alla Legge o rigettare la Legge sono entrambi solo fraintendimenti superegoici della Legge. Il fallimento per clonazione non avanza nell'elaborazione della separazione, non riesce a fare a meno del padre; il fallimento per rivolta, volendo fare a meno del padre senza servirsene, finisce per produrre solo incollamento frustrato e carico di rabbia; l'odio impedisce la separazione e diventa una forma di legame inossidabile.

Il fallimento dell'eredità è fallimento del modo di intendere giustamente il senso della Legge della parola, di intendere il nodo che unisce e non separa Legge e desiderio, libertà e responsabilità. La testimonianza paterna sa invece tenere insieme Legge della castrazione e dono del desiderio, interdizione e donazione. Ma questa unione, nel tempo dell'evaporazione del padre, non è più sostenuta dall'*automaton* della tradizione, dalla potenza simbolica del Nome del Padre. Per questo il nostro tempo esige di ripensare la funzione paterna "dai piedi", come testimonianza, come atto, come una incarnazione della forza vitale del desiderio. Facciamo l'esempio della sessualità. C'è stato un tempo in cui la vita sessuale e affettiva in famiglia era ricoperta dal tabù morale. L'esercizio dell'interdizione si estendeva sulla vita della pulsione come l'ombra sulle cose nell'ora del tramonto. Questo modello tristemente disciplinare si è esaurito. Come si è esaurito il tempo in cui pregare era come respirare. La sessualità non è più ancorata al tabù e al rimprovero morale. La sua educazione non coincide più con l'idea rigidamente normativa della correzione o, peggio ancora, dell'estirpazione. E tuttavia è proprio la fine del discorso disciplinare a mettere i genitori di fronte alla responsabilità del loro atto. Se non è più il grande Altro della tradizione ad assicurare il controllo sul corpo sessuale, a includerlo in un discorso valoriale, se la cosiddetta educazione sessuale non è più assicurata dall'invadenza delle prescrizioni moralistiche, come dovremo comportarci di fronte alla curiosità, ai comportamenti, alle pratiche sessuali dei nostri figli? Questo problema non svuota affatto il discorso educativo, ma lo riempie, gioco forza, di nuovi contenuti e di nuove responsabilità.

Atto, fede e promessa

Come avviene la trasmissione del desiderio da una generazione all'altra? Attraverso una testimonianza incarnata di come si può vivere la vita con desiderio. Il dono della testimonianza è il dono dell'Altro che rende possibile l'ereditare. È necessario che vi sia incontro con una testimonianza di questo genere perché vi sia trasmissione del desiderio e, dunque, filiazione simbolica. Ma cos'è una testimonianza che rende possibile il dono del desiderio? La voglio sintetizzare in tre parole: *atto, fede, promessa*.

Cos'è *atto* nel processo della filiazione simbolica? È testimonianza come incarnazione del Verbo. Non esiste testimonianza se non nell'atto. Ciò che oggi serve è che vi sia incarnazione della testimonianza come ciò che sa fare esistere la possibilità del desiderio e della sua trasmissione. Non serve la retorica pedagogica, né la predica morale. Non servono sermoni edificanti. Se non esistono testimoni di professione, anzi, se i testimoni di professione sono un ostacolo all'atto della testimonianza,[17] è fondamentale mettere in rilievo il valore contingente della testimonianza come incontro. Questo incontro non avviene necessariamente nelle relazioni familiari. C'è testimonianza ovunque vi sia incontro con una incarnazione della Legge del desiderio. È quello che accade a Totò, il piccolo protagonista di *Nuovo Cinema Paradiso* di Giuseppe Tornatore. Egli trova in un cinematografo di provincia il testimone di una passione intensa e irriducibile per il cinema (Alfredo, interpretato da Philippe Noiret). Questa passione costituirà il dono invisibile che si trasmette nella catena delle generazioni, ma solo a partire dal tragico incendio che costerà la perdita della vista al suo maestro. È solo quando la castrazione investe il luogo del padre che si dà testimonianza del desiderio e, di conseguenza, si rende possibile la filiazione simbolica. Qui il mito di Edipo si rovescia positivamente rendendo possibile l'eredità: il "figlio" diventa un regista famoso, il suo sguardo sarà capace di vedere e di far vedere agli spettatori altri mondi perché quello del "padre" ha rinunciato a vedere tutto, perché ha testimoniato sul suo desiderio attraverso la cessione di una quota del suo godimento pulsionale. Non casualmente l'eredità acquisita al momento della morte dell'anziano padre adottivo sarà una pellicola composta da tutti i frammenti dei film che la censura moralistica del prete del paese (padre Adelfio) aveva impedito venissero proiettati sullo schermo. Mentre la versione moralistica della Legge censura l'Eros, la Legge della parola è Legge del desiderio che lascia in eredità la passione del bacio, la forza potente dell'amore che nessuna censura può pensare di poter oscurare. In questa pellicola composta di scarti, di resti

[17] Non a caso il ritratto che Roth propone del protagonista di *Nemesi* è il ritratto di un testimone di professione che, come tale, si scopre tragicamente e beffardamente all'origine del male (la polio) che voleva contrastare.

sopravvissuti, l'eredità assume la forza della Legge del desiderio.

Cos'è *fede*? È il dono più profondo della genitorialità. È credere senza riserve e senza interesse nel desiderio dei propri figli. Avere fede nei figli è sostenere la potenza generativa del desiderio dell'Altro. È credere con fiducia nelle visioni, nei progetti, nella forza dei propri figli. Questa fede è un nutrimento del desiderio perché la fede dell'Altro, del desiderio dell'Altro, è ciò che alimenta la fede del figlio stesso nel proprio desiderio. Se il desiderio del figlio è visto con angoscia o sospetto non viene nutrito efficacemente. Nondimeno se il desiderio non è un capriccio esso deve dare prova di costanza, di tenuta, di insistenza. La Legge del desiderio non dura il lampo di una notte. Esige la sua messa alla prova. La sua chiamata non solo deve essere accolta, ma deve anche essere coltivata nel tempo. La fede nei confronti dei figli completa il gesto della interdizione. Se la fede non integra la Legge della castrazione, questa Legge apparirà solo come un peso insensato e inumano. Per liberare la Legge dalla Legge, o, se si preferisce, per completare la Legge, è necessario l'atto di fede che in quanto atto non può mai fondarsi su di una garanzia, ma è sempre esposto all'incognita e al rischio del fallimento.[18]

Cos'è *promessa*? Promessa è che esista un'altra soddisfazione rispetto a quella del godimento mortale. Promessa è che quest'altra soddisfazione sia più grande, più ricca, più forte, più vitale di quella offerta dal godimento mortale. Promessa è che solo se il godimento mortale verrà rifiutato, solo se questo godimento verrà sottomesso alla Legge della castrazione, vi sarà accesso a un godimento non disgiunto dal desiderio e questo *go-*

[18] Sull'ineludibilità e sull'importanza feconda del fallimento nel percorso di formazione, mi permetto di rinviare a M. Recalcati, *Elogio del fallimento. Conversazioni su anoressie e disagio della giovinezza*, Erickson, Trento 2011.

dimento Altro dal godimento mortale sarà una potenza nuova.[19]

Esiste una promessa di Altro godimento, di un'altra soddisfazione, che è compito delle vecchie generazioni trasmettere come possibilità alle nuove generazioni. La tutela del desiderio implica la tutela di questa promessa. La promessa dei genitori è promessa che vi sia vita capace di soddisfazione umana. È promessa di resurrezione su questa terra. Ma cosa sarebbe una vita risorta nella vita? Gli adulti sono in grado, come Ulisse, di sostenere la promessa dell'esistenza di un Altro godimento, di un'altra soddisfazione? La promessa è tenere aperto un orizzonte di mondo, è guadagnare mondo, è rendere mondo ciò che non è ancora mondo. Esiste una matrice cristiana a cui mi riferisco in questo pensiero della promessa: bisogna morire al godimento mortale, bisogna morire nel godimento senza speranza della pulsione di morte, per poter rinascere, risorgere a una vita nuova, alla vita del desiderio e del godimento Altro. Si tratta di consegnare la vita al deserto affinché la vita possa riconquistarsi come umana. Anche in questo caso non si tratta di un movimento di appropriazione: la liberazione dal godimento mortale implica una esposizione senza custodia alla potenza contingente del desiderio dell'Altro.

[19] La Legge della castrazione non proibisce né abolisce il godimento ma lo rende vitale. Nondimeno, non tutto il godimento accoglie l'istanza di questa Legge, la quale lascia sempre un resto di godimento refrattario alla castrazione simbolica.

Epilogo

Leggere il dolore sulle foglie

Da bambino avevo due eroi: Gesù e Telemaco. Era il mio modo di meditare sul legame con *mio* padre e sulla sua *assenza*. Sono cresciuto in una famiglia troppo occupata a lavorare per prendersi cura dei propri figli. La mia analisi mi ha liberato dal tormento rivendicativo facendomi scoprire in questa assenza un fatto di struttura: l'essere del padre è sempre l'essere di un'assenza. Non è forse quello che hanno sperimentato traumaticamente sia Gesù che Telemaco? Non sono forse Gesù e Telemaco due figli che hanno conosciuto profondamente l'abbandono del padre, la sua assenza più radicale?

Se il padre è un'assenza, o, meglio, se la sua è un'assenza sempre presente,[1] egli non può che renderci orfani. Essere figli, essere eredi, è sempre essere anche orfani. Il giusto erede non tampona la verità della struttura, non cancella il fatto che nessun padre ci potrà salvare. Ma se il Nome del Padre è questa assenza – questo vuoto impossibile da colmare – l'atto di un padre reale (di

[1] Cfr. R. Esposito, *Una comunità senza padre*, in *Il padre. Annali del dipartimento clinico "G. Lemoine"*, a cura di F. Giglio, n. 3, Et. al./Edizioni, Milano 2013.

un genitore) rende possibile una trasmissione e fonda quella filiazione simbolica che può umanizzare la vita. Questo atto è l'incontro contingente con una testimonianza, con una incarnazione singolare della Legge del desiderio. C'è, infatti, padre solo dove c'è testimonianza singolare di come sia possibile tenere insieme, e non opporre, Legge e desiderio. Solo dove il nome della Legge non è il nome di un'oppressione, ma di una liberazione. Qualunque cosa può essere un padre; qualunque cosa può rendere possibile l'incontro con la nuova alleanza tra Legge e desiderio. Qualunque cosa può tornare dal mare. Un allenatore di pugilato lettore della Bibbia – come Frankie di *Million dollar baby* di Eastwood –, un vecchio pensionato, un maestro della scuola elementare, una madre, la lettura di un classico, un'opera d'arte, un sindaco, un appassionato di cinema... L'eredità non è mai eredità di sangue, non è consolidamento di un'identità solida: ciò che si eredita è sempre *una testimonianza*. In questo senso ogni paternità, come spiega Françoise Dolto, è radicalmente adottiva.[2] Tutto l'ultimo cinema di Clint Eastwood esalta la possibilità di trasmissione del desiderio al di là del sangue e della natura.[3] Qual è il punto che dobbiamo ancora sottolineare con forza? È che qualunque cosa, qualunque incontro contingente, può portare con sé il dono della testimonianza possibile dell'alleanza tra Legge e desiderio. Non esistono testimoni di professione come non esiste una pedagogia della testimonianza. La testimonianza può essere rico-

[2] Il suo modello evangelico è quello di san Giuseppe che si "sottomette a questa imposizione, anche se il bambino non è figlio della sua carne... Spesso si fa confusione tra padre e genitore. All'uomo bastano tre secondi per essere genitore. Tutt'altra avventura è l'essere padre. [...] Tanto meglio, forse, se il padre è anche genitore, ma in fondo ci sono solo padri adottivi. Un padre deve sempre adottare il proprio figlio". Cfr. F. Dolto, *I Vangeli alla luce della psicoanalisi. La liberazione del desiderio. Dialoghi con Gérard Sévérin*, Et al./Edizioni, Milano 2012, p. 14.

[3] Cfr. M. Recalcati, *Cosa resta del padre?*, cit., pp. 171-189.

nosciuta solo in una ricostruzione retroattiva. Se la testimonianza deve essere emancipata da ogni ideale di esemplarità, deve anche essere liberata da ogni forma di programmazione. Essa vive nel tempo della pura contingenza. Non risponde a un piano, non si può assicurare, non dipende da una tecnica. La forza della testimonianza è nel suo accadere là dove non l'avresti mai aspettata. Non è un'intenzione, ma un evento che possiamo ricostruire davvero solo retroattivamente. Potrò dire cosa per me è stata una testimonianza solo quando sarò oltre il tempo in cui l'ho vissuta.

Voglio fare due esempi biografici. Il primo riguarda mia madre. Negli anni più infuocati della mia giovinezza ruppi violentemente il rapporto con la scuola per dedicarmi anima e corpo alla militanza politica. Eravamo alla fine degli anni settanta. Andare a scuola appariva a me e a molti miei compagni una perdita di tempo. Avevamo il movimento e il mondo da cambiare. Tutto quello che ci veniva detto ci sembrava nato già morto. La politica era invece gioia, spinta alla vita, esperienza di risurrezione del desiderio. Di fronte all'ennesima bocciatura non ebbi più tentennamenti. Giudicai il mio rapporto con l'istituzione-scuola chiuso. Ma avevo trascurato il mio essere figlio, avevo trascurato la parola di mia madre. Dopo alcuni mesi dalla mia scelta, mi attese sulla porta di casa. Lei non aveva mai potuto studiare per miseria e aveva difficoltà a scrivere correttamente in italiano per le incidenze profonde che sulla lingua esercitava ancora il dialetto friulano delle sue origini. Sulla porta mi disse semplicemente che avrei dovuto continuare i miei studi. "Per quale ragione?" le chiesi a muso duro. "Quella scuola non è niente per me!" dissi pensando di chiudere così quella breve conversazione. "Perché così fanno tutti," rispose lei con una forza disarmante. "Non fare come me, tu che puoi. Se studi non te ne pentirai." Concluse infine senza originalità. Cosa mi stava dicendo se non che se avessi continuato a studiare avrei visto più cose, più vite, più mondi di quelli che lei aveva potuto incontrare senza mai aver studiato? Voleva dirmi di non chiudermi nel mio mondo, di non abbandonare la scena del mondo, di restare nel mondo. La sua è stata per me, retroattivamente, una testimonianza nel senso più forte del termine. La sua parola è stata una promessa: "Se tu rinunci a chiuderti nel tuo mondo, se rinunci alla violenza del tuo mondo, se ti impegnerai nello studio potrai conoscere altri mondi di cui non sospetti nemmeno l'esistenza! Potrai aprire nuovi mondi, guadagnare altri mondi!". È quello che accadde nel tempo. In questo modo la promessa di mia madre diventò una testimonianza.

Il secondo episodio riguarda invece mio padre. Lo ricordo camminare davanti a me con il passo di un gigante le domeniche mattina quando andavamo insieme a visitare i bancali della serra dove giacevano doloranti le sue piante malate. Il suo italiano incerto e dialettale lasciava allora misteriosamente il posto al latino. In quella lingua antica e sconosciuta pronunciava i nomi delle malattie e quello delle sue piante. Leggeva sulle foglie (morsicate da insetti invisibili dai nomi più misteriosi o invase da muffe e da maculature spettrali) il loro dolore per poi preparare le pozioni magiche per il trattamento che le avrebbe guarite. Aveva fatto tutto questo dal nulla. Aveva accettato la scarna eredità materiale del padre – che aveva una certa passione per il lavoro della terra, ma preferiva gozzovigliare tra pezzi umili di antiquariato – per farla germinare in modo imprevedibile. Aveva inventato una professione come quella di floricoltore senza che vi fosse stata alcuna cultura familiare.

Nel mio lavoro clinico ho sempre avuto una passione per la dimensione della diagnosi differenziale, per individuare la struttura soggettiva particolare che orienta il discorso del soggetto. Da dove veniva questa passione? Il ricordo infantile di mio padre dedicato al dolore delle foglie contiene il nocciolo della mia eredità. Cosa ho ereditato? Non un regno, non una discendenza illustre, non geni, né beni, ma una testimonianza silenziosa del desiderio. Osservavo mio padre chino sulle sue piante. E sapevo che quella era la sua vita, quello il suo lavoro, quella la sua soddisfazione, quello il suo mondo. Togliere il dolore delle piante, restituire loro la vita, farle crescere forti. Salvarle dalle muffe, dal male, dalle colonie extraterrestri di insetti invisibili. Dedicarsi a leggere e a curare le foglie. E cosa sono diventato io? Non sono forse uno che legge il dolore delle foglie? Che legge gli uomini come se fossero foglie? Non sono forse diventato questo? Uno che prova a leggere e a curare il dolore scritto sulle foglie dell'*humus umano*? L'eredità è sempre eredità di una passione che subisce uno sviamento, una torsione, una deviazione. Leggere il dolore sulle foglie: mi sono accorto di non aver continuato a fare altro sebbene l'abbia fatto in tutt'altro modo. Ereditare è questo: scoprire di essere diventato quello che ero già sempre stato, fare proprio – riconquistare – quello che era già proprio da sempre.

Aveva ragione Telemaco: qualcosa torna sempre dal mare.

Indice dei nomi

Indice